완벽한 보고서 쓰는 법

보고서·기획서를 한 장으로 요약하고
로지컬하게 완성하는 비결

완벽한
보고서
쓰는법

| 길영로 지음 |

내 눈을 의심했다. 영어도 러시아어도 아니었다. 분명히 한글이었다. 하지만 아무리 읽어봐도 이해하기 어려웠다. 우선 결론이 무엇인지, 전체 로직이 무엇인지 도무지 감이 잡히질 않았다. 보고서는 가급적 단문으로 써야 이해하기 쉬운데, 문장이 전반적으로 길고 한 문장 안에 너무 많은 메시지가 담겨 있었다. 그러다 보니 주어와 서술어가 맞지 않고 문장이 거칠었다.

보고서를 작성할 때의 글쓰기 원칙을 전혀 모르는 것 같았다. 특히 자신이 전달하려는 메시지를 팩트로 입증한 다음, '왜 이런 메시지를 도출할 수밖에 없었는지' 근거를 증명해야 하는데, 팩트로 입증하지 않고 자기 생각만 전달하려는 보고서가 많았다. 심지어 피드백을 해줄 수조차 없는 보고서도 많았다. 상황이 이렇다보니 한 장으로 요약한다는 건 어불성설이었다.

꽤 오래 전 일인데, NHN 직원들을 대상으로 '기획력 향상'과 '기술보고서 작성법' 두 주제로 1박2일 교육을 4년간 실시한 적이 있다. 본격적으로 교육을 시작하기 전에 NHN의 P 센터장이 사전미팅을 요청했다. 식사를 하며 많은 대화를 나누었는데, 그녀의 요구사항을 요약하면 다음과 같았다.

"젊은 기업이라서 그런지 기획력이나 보고서 작성법의 기본기가 여러모로 부족합니다. 직원들 한 사람 한 사람 모두 기술은 뛰어난데, 글로 표현을 잘 못하는 것 같습니다. 직원들이 작성한 보고서를 보면 도대체 뭘 하려는 건지 이해가 안 됩니다. 집에 들고 가서 보고서를 읽어봐도 결정을 내릴 수 없을 때가 많습니다. 이번 교육에서 그 부분을 해결해 주셨으면 합니다."

참 안타까운 일이다. 기술은 뛰어난데 글로 표현하지 못하다니. 아마도 이 기업 임원의 심정만은 아닐 것이다. 그 후 삼성전자 기흥사업장과 화성사업장에서 15년간 '한 장으로 요약하는 법(One Page Summary Skill)과 보고서 작성법'이라는 주제로 강의를 했다. 삼성전자 상사들의 심정도 마찬가지였다. 특히 한 장으로 요약본(Executive Summary)을 만드는 스킬에 대한 아쉬움이 무척 컸다.

기획의 3요소는 '플래닝(Planning)' '메이킹(Making)' '프레젠테이션(Presentation)이다. '플래닝'은 말 그대로 어떤 사안에 대해 기획하는 것이다. 기획을 마친 뒤에는 기획서 작성에 들어간다. 기획을 완성한다는 의미에서 '메이킹'이라고 한다. 기획서를 완성하고 나면 마지막으로 '프레젠테이션'을 한다. 상사나 의뢰인에게 제안하고 설득하는 일이다. 플래닝과 프레젠테이션에 관해서는 나의 전작 『기획이란 무엇인가』와 『떨지 마라 떨리게 하라』를 참고하면 된다. 이 책은 메이킹을 다룬다.

내가 직장에 근무하던 시절에는 기획서, 보고서, 기안서, 품의서 등을 명확히 구분해서 문서를 작성했다. 그런데 요즘 기업 현장에서는 보고서로 통합해서 쓰는 경우가 많다. 기획이건 보고건 상사에게 보고하여 뜻을 물어보고 승인을 구하는 것이기 때문에 보고서로 단순화시켜서 사용하는 것 같다. 따라서 이 책에서 다루는 '한 장으로 요약하는 법'과 '보고서 작성법' 역시 보고서 뿐만 아니라 기획서, 제안서, 품의서 등에 널리 사용할 수 있다고 보면 된다.

이 책은 모두 3부로 구성되어 있다.

1부는 '핵심 요소를 파악하라'다. 보고서를 작성할 때 실무자들이 흔히 범하는 잘못이 있는데, 자신의 입장만 생각하면서 글을 쓰는 것이다. 즉, 상사로부터 지시를 받으면 '내가 무엇을 전달할까'부터 생각한다. 실무자라면 '내가 무엇을 전달할까'라는 개념을 머릿속에서 완전히 삭제하자. 프로는 지시를 받자마자 '상대방이 무엇을 알고 싶어하는가?' '상대방이 무엇을 듣고 싶어하는가?'를 생각한다. 보고서는 조직 내 상하간 수직 커뮤니케이션이며 보고의 상대방은 상사다. 상사의 지시사항과 의도를 정확히 파악하지 못하면 보고서를 제대로 작성할 수 없다.

25년간 기업들을 대상으로 강의와 컨설팅을 하면서 많은 것들을 배웠다. 그 중 하나가 어느 기업에서건 보고서가 올라왔을 때 반드시 세 가지 요소를 확인한다는 점이다. 첫째는 일의 본질, 즉 목적이다. 둘째는 그 목적을 실현했을 때의 아웃풋 이미지다. 셋째는 목적을 실현하고 아웃풋으로 가는 로직이다. 나는 강의를 할 때마다 이 세 가지를 귀가 따갑도록 강조한다. 1부에서는 일의 본질인 '목적'과 목적을 실현했을 때의 '아웃풋 이미지'를 중심으로 보고서 작성의 핵심 요소들을 다룬다.

2부는 '한 장으로 요약하라'다. 목적을 실현하고 아웃풋으로 가는 로직을 짜는 법과 요약하는 법을 다룬다. 한 장으로 요약하려면 로직이 명확해야 한다. 경영 컨설턴트들이 논리적으로 생각하고 글을 쓰는 데 가장 큰 영향을 끼친 사람은 아마도 『피라미드 원칙(Pyramid Principle)』의 저자인 '바바라 민토'일 것이다. 나 역시 그녀의 영향을 많이 받았다. 그러나 『피라미드 원칙』은 출판된 지 50년 가까이 되었다. 당시 기업과 지금 기업의 상황은 달라도 너무 다르다. 근래 들어 상사들은 간단하고 명확한 로직을 요구하고 있다. 복잡하고 난해한 문제들은 컨설팅 회사에 의뢰한다. 경영기획실이나 전략기획실 같은 팀이라면 모를까, 현장의 실무자들은 복잡한 로직을 다루지 않는다.

따라서 2부에서는 피라미드 구조로 로직을 작성할 때 현장의 실무자들이 꼭 알아야 할 원칙들만을 다룬다. 이와 함께 바바라 민토가 다루지 않았던 '한 장으로 요약하는 기술'에 대해서도 상세히 다룬다. 요약이란 보고의 전체 상을 이해하기 위해 정보의 요점을 파악하여 집약하는 것이다. 보고의 전체 상을 이해할 수 없다면, 그건 요약이 아니다. 한 장으로 요약하기 위해 실무자들은 세 가지 관계만 명확히 하면 된다.

첫째, 주장과 근거 또는 이유와의 관계

둘째, 주장과 방법과의 관계

셋째 주장과 주장과의 관계

이 세 가지 관계만 명확히 할 수 있다면, 한 장으로 요약하는 일이 얼마나 쉬운지 깨닫게 될 것이다.

3부는 '로지컬하게 작성하라'다. 현장에서 실무자들이 작성한 보고서를 볼 때면 '보고서 작성의 기본 원칙을 전혀 모르는 게 아닌가?' 싶을 때가 많다. 기본 원칙을 모르고 경험만으로 보고서를 작성하다 보니, 매번 힘들어 하고 시간이 많이 걸리는 것 같다. 기본 원칙을 알고 제대로 적용하면, 보고서 작성이 그렇게 어려운 일만은 아니라는 사실을 알 수 있을 것이다.

우선 보고서의 제목이다. 상사가 제목만 보고도 어떤 내용이 실려 있는지 이해할 수 있도록 제목을 잡아야 한다. 그러려면 제목에 '목적'과 '일의 범위' 두 가지가 반드시 들어가야 한다. 제목 페이지 다음에는 상사가 보고의 전체상을 이해할 수 있도록 요약본(Executive Summary)을 넣는다. 그 다음 페이지는 목차다. 상사는 목차를 보고 실무자가 일을 풀어나가는 데 있어 중복과 누락이 없는지, 일을 어떻게 시작해서 어떻게 끝맺을지를 확인하고 판단한다. 그런 뒤에 본문을 작성하면 된다.

본문은 '원 페이지 원 메시지(One Page One Message)'와 '헤드메시지(Head Message)와 수직적 논리' 이 두 원칙을 바탕으로 작성하면 된다. 보고서의 본문을 작성할 때는 정보의 양을 상사가 이해하기 쉬운 크기로 잘라주어야 한다. 상사가 이해하기 쉬운 크기가 바로 '원 페이지 원 메시지'다. 상사가 보고서를 한 장 한 장 넘길 때마다 가장 알고 싶어 하는 것이 무엇일까? 바로 각 페이지의 결론이다. 따라서 각 페이지의 제목 바로 아래에 결론을 적어야 한다. 이처럼 페이지의 상단에 적는 결론을 '헤드메시지'라고 한다.

그렇다면 헤드메시지 아래에는 무엇을 적어야 할까? 여기에 적을 내용은 두 가지 질문에 대한 답밖에 없다. 헤드 메시지에 대한 Why 또는 How의 답이다. 헤드 메시지에 대한 Why의 답일 경우에는 근거가 나오면 되고, How의 답일 경우에는 방법이 나오면 된다. 상사는 반드시 이두 질문 중 하나의 답을 기대한다. 만약 이 두 질문에 대한 답을 찾을 수없다면, 실무자가 아직 그 문제를 제대로 풀지 못했다는 방증이다. '원 페이지 원 메시지' '헤드메시지와 수직적 논리' 이 두 원칙은 전 세계 어디에서나 통용되는 보고서 작성의 기본 원칙이다. 이와 함께 3부에서는 실무자가 보고서를 작성할 때 꼭 알아야 할 글쓰기 원칙 아홉 가지를 이야기한다. 여기서 제시하는 원칙을 바탕으로 보고서를 작성하면, 글이 간단하고 명료해져서 상사를 쉽게 이해시킬 수 있을 것이다.

우리는 경영을 예술이라고 한다. 일 역시 예술이다. 예술은 예(藝)와 술(術)이 결합된 단어다. 술은 기술을 말한다. 기본기라고 할 수 있는 '술'을 제대로 갖추지 못하면 '예'를 발휘할 수 없다. 기술 없이 예만 추구했을 때 나오는 결과물이 바로 '날림'이다. '예'를 추구하기 전에 기술부터 갖춰야 하고, 기술을 갖추기 위해서는 기본기부터 연마해야 한다. 이 책을 통해 독자들이 '한 장으로 요약하는 법'과 '보고서 작성법'을 제대로 연마한다면 머지않아 '보고서의 달인'이 될 수 있을 것이다.

"성인 국가대표팀을 맡으면 선수를 육성하려고 하지 마라. 프로의 세계는 시간이 없다. 기존의 자원을 극대화 하라."

베트남 축구 대표팀의 박항서 감독이 히딩크 감독과 함께 일하던 시절에 절실하게 깨달은 이야기란다. 실무자들은 이 말을 가슴 깊이 새겨야 한다. 스포츠 감독이나 기업의 상사는 입장이 똑같다. 실무자 스스로 하루빨리 자신을 실무에서 사용 가능한 전력으로 만들지 못하면 기업에서 서서히 도태될 수밖에 없다.

　'한 장으로 요약하는 법'과 '보고서 작성법'. 어느 업종에서건 무슨 일을 하건, 실무자가 반드시 갖추어야 할 핵심 능력이다.

차례

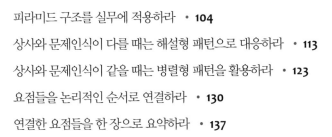

3. 로지컬하게 작성하라

1. 핵심 요소를 파악하라

목적을
명확히 하라

『유리알 유희』로 노벨문학상과 괴테상을 동시에 수상한 헤르만 헤세(Hermann Hesse). 1919년, 헤르만 헤세는 '에밀 싱클레어'라는 가명으로 『데미안』을 출판했다. 자신의 명성 때문에 자신의 작품이 더 높게 평가받는 건 아닐까 하는 의구심 때문이었다. 『데미안』은 곧바로 베스트셀러가 되었고, 에밀 싱클레어는 그 해 젊은 신인 작가에게 주는 폰타네상을 거머쥐었다.

"쓸데없는 짓 하지 말고 일의 본질을 추구하라고, 본질. 이 일의 본질이 뭐야?"

신입사원 시절, 내가 기획서나 보고서를 제출할 때마다 상사들이 귀가 따갑도록 하던 말이다.

'본질, 본질, 그 놈의 본질.'

그런데 그렇게 일의 본질을 강조하는 상사들도 정작 그게 뭔지 분명하게 모르는 것 같았다. 다시 생각해 보라는 말만 할 뿐, 내 기획서나 보고서의 어느 부분이 잘못되었는지 명확하게 가르쳐 주지 않았다. 그러던 어느 날, 경영기획실장님으로부터 지시가 내려왔다.

"앞으로 누구든지 기획서나 보고서를 제출할 때 '목적'이라는 단어 앞에 '존재'라는 두 글자를 붙여서 '존재 목적'을 명확히 밝힌 뒤에 보고하세요."

그 때 비로소 깨달았다. 존재 목적이 바로 본질이라는 사실을. 그 이후부터 '목적'이라는 두 글자를 머리에 각인했고, 그것이 나의 직장 생활과 인생관을 완전히 바꾸어 놓았다.

'나의 목적, 즉 나의 존재 이유는 무엇일까?'

이 질문의 답을 찾으려고 참 많이도 고민을 했다. 컨설팅을 하고, 상담을 하고, 강의를 하고, 글을 쓰는 지금 나의 존재 이유는 '남이 성공하도록 돕는 것'이다.

아리스토텔레스는 『형이상학』에서 목적을 '사물의 존재 이유'라고 정의했다. 형이상학은 사물의 본질과 존재의 근본 원리를 탐구하는 학문이다. 책상의 목적은 무엇인가? 지우개의 목적은 무엇인가? 바꿔 말하면 책상과 지우개가 존재하는 이유는 무엇인가?

지난 2016년, '국가과학기술인력개발원'으로부터 '선도형 R&D를 위한 기획의 방법론'이라는 주제로 강의를 해달라는 의뢰가 들어왔다.

'기획의 방법론'은 내 전문 분야라 별로 어렵지 않았다. 문제는 '선도형 R&D'였다.

'도대체 선도형 R&D가 뭐지?'

나는 답을 찾아 나섰고, 생각에 생각을 거듭한 끝에 목적의 정의에서 답을 찾을 수 있었다. 선도형 R&D란 결국 '기존에 없던 새로운 존재의 이유를 찾아내는 것'이 아닐까?

4차 산업혁명으로 인해 목적, 즉 존재의 이유가 사라지는 상품과 일자리가 점점 많아지고 있다. 구글의 '웨이모'는 무인 자율주행 택시 서비스를 실시하고 있고, 슈퍼마켓 체인인 '크로거'는 고객이 주문한 제품을 '뉴로'라는 자율주행 자동차를 이용해 집까지 배달해 주는 서비스를 실시하고 있다.

자율주행이 보편화 되면 운전자의 존재 이유가 사라질 테고, 운전을 직업으로 하는 사람들의 일자리도 점점 줄어들 것이다. 금융서비스가 디지털 기술과 결합하면서 금융 영업점의 수도 줄어들고 있고, 패스트푸드점의 주문은 아르바이트생이 아닌 키오스크가 대신하고 있다. 존재의 이유를 밝히고 그것의 가치를 판단하는 일은 4차 산업혁명 시대를 헤쳐 나아가는 데 있어 매우 중요하고 필수적인 일이다.

목적이 사물의 '존재 이유'라면, 일의 목적은 '일의 존재 이유'다. 그것이 일의 목적이고 본질이다. 따라서 일을 시작할 때는 항상 목적부터 명확히 밝혀야 한다. '이 일이 지금 이 시점에 우리 팀에 왜 존재해야 하는가?' 그 이유부터 명확히 밝히고 나서 일을 시작해야 한다. 일의 목적을 명확히 하지 않으면 쓸데없는 일을 하게 된다. 목적은 일의 본질이자 출발점이다.

목적을 명확히 해야 한다고 말하긴 했지만, 막상 해보면 생각보다 쉽지가 않다. 이 때 도움이 되는 사고법 하나를 소개할까 한다. 바로 캐나다 학자 제럴드 내들러(Gerald Nadler)와 히비노 쇼죠(Hibino Shozo)가 이야기한 브레이크스루 씽킹(Breakthrough Thinking), 즉 목적지향적 사고다. 목적지향적 사고는 일을 시작하기 전에 아래의 네 가지 질문을 여러 차례 반복해서 던진 다음, 도출한 답들 중에서 근본적인 목적을 찾아 명확화 하는 사고법이다.

Why?	"왜 이 일을 해야 하지?"
For What?	"무엇을 위해 이 일을 해야 하지?"
So What?	"이 일을 하면 어떤 이득이 있지?" "그 다음에는 뭘 할 거지?"
But For?	"이 일을 꼭 해야 할까?" "안 해도 되는 일은 아닐까?"

'매일경제신문 교육센터'에서 약 5년간 매달 한 번씩 기획력 공개강좌를 한 적이 있다. 총 21시간 3일짜리 강좌였다. 그 때 강의에 참석했던 분으로부터 메일이 온 적이 있다. 그 분은 상사가 일을 시켜서 목적을 명확히 하기 위해 질문을 던졌다고 한다.

"팀장님, 이 일을 왜 해야 하죠? 무엇을 위해 이 일을 해야 하나요? 이 일을 하면 어떤 이점이 있죠?"

그래도 여기까지는 괜찮았다고 한다. 결정타는 다음 질문이었다.

"팀장님, 이거 안 하면 안 되나요?"

결국 돌아온 대답은 "너 회사 그만두고 싶어? 누구 인내심 시험하는 거야?" 하는 핀잔뿐이었다면서 왜 이런 일이 벌어지느냐고 하소연을 했다. 노파심에서 하는 이야기지만, 목적은 자문자답을 통해 실무자 자신이 직접 명확화 해야 한다.

헤르만 헤세는 업의 본질을 정확히 간파하고 있었다. 명성도 중요하지만 작품의 완성도가 더 중요하다는 사실을 말이다. 『데미안』은 출판된 지 100년이 지난 지금까지도 여전히 전 세계 독자들의 사랑을 받고 있다. 나 역시 이 책을 써나가면서 한 문장 한 문장 그 존재의 이유를 물을 것이다.

누가 무엇을
알고 싶어 하는지
생각하라

주초위왕(走肖爲王). 중종 14년, 궁궐 후원의 숲속에서 기이한 사건이 발생했다. '주초위왕'이라는 글자가 새겨진 나뭇잎이 발견된 것이다. 주(走)와 초(肖)를 합하면 조(趙), 즉 조 씨가 왕이 된다는 뜻이다. 나뭇잎에 나타난 조 씨는 누구를 가리킬까? 중종의 총애를 받던 조광조가 바로 그 주인공이다. 누군가가 궁녀를 시켜 나뭇잎에 꿀로 글자를 새겨놓고 벌레가 갉아먹게 했다고 전해지는 이 사건으로 인해, 중종은 조광조가 역모를 꾀한다는 의심을 품게 된다.

조광조는 34세에 대과에 합격한 뒤, 3년 만에 사헌부 최고직인 대사헌에 오른 인물이다. 지금으로 치면 공무원에 임용된 지 3년 만에 법무부장관이 된 격이다. 상상도 하기 힘든 파격적인 인사다. 중종의 신임을 받은 조광조는 자신이 꿈꾸던 유교적 이상을 실현하기 위해 거침없이 개혁을 단행했다. 그러나 그 유명한 '위훈 삭제 사건(중종반정의 공신 중 자격이 없다고 평가된 76명의 공훈을 삭제한 일)'이 발생한 지 나흘 만에 전격적으로 체포된다. 그 뒤, 별다른 해명의 기회도 얻지 못한 채 한 달 만에 유배지에서 사약을 받고 생을 마감한다. 왕의 남자였던 조광조는 도대체 어쩌다가 그런 일을 당했을까?

비즈니스 현장에서 기획서나 보고서 작성법을 지도하다 보면, 자신의 입장만 생각하면서 글을 쓰는 모습을 종종 보게 된다. 상사로부터 "이 과제에 대해 조사해서 보고해 주세요." 또는 "이것 좀 검토해 주세요." 하고 지시를 받았을 때, 대부분의 사람들은 '내가 무엇을 전달할까?'부터 생각한다.

조직에서 일하는 사람이라면 이제부터 '내가 무엇을 전달할까?'라는 개념을 머릿속에서 삭제하자. 업무의 달인은 상사로부터 지시를 받자마자 '상사가 무엇을 알고 싶어 하는가?'를 생각한다. 아마추어는 '내가 무엇을 전달할까?'를 생각하지만, 프로는 '누가 무엇을 알고 싶어 하는가?' '누가 무엇을 듣고 싶어 하는가?'를 생각한다.

'내가 무엇을 전달할까?'를 생각하는 사람과 '누가 무엇을 알고 싶어 하는가?'를 생각하는 사람의 차이는 어디에서 나타날까? 가장 먼저 눈에 띄는 것은 보고서의 양이다. '내가 무엇을 전달할까?'를 생각하는 사람의 보고서는 분량이 많다. 반대로 '누가 무엇을 알고 싶어 하는가?'를 생각하는 사람의 보고서는 분량이 적다. 왜 그럴까?

　　　　　　　　　　　　　　　완벽한 보고서 쓰는 법

아마추어건 프로건 상관없이 보고서를 작성하기 위해서는 과제와 관련된 정보를 수집해서 팩트와 데이터를 분석해야 한다. 수집한 자료를 분석하다 보면 엄청난 시간과 노력이 필요하다. 때때로 머리에 쥐가 날 만큼 힘이 들 때도 많다. '내가 무엇을 전달할까?'를 생각하는 사람은 그때까지 들인 시간과 노력이 아까워서 분석한 자료를 보고서에 몽땅 끼워 넣는다. 일을 많이 했다고 생색을 낼 생각인지, 뒤에 첨부하면 그만인 자료까지 보고서 본문에 싣는다. 그러다보니 보고서의 양이 쓸데없이 많아진다.

그러나 '누가 무엇을 알고 싶어 하는가?'를 생각하는 사람은 시간과 노력을 들여 만든 자료를 아까워하지 않는다. 보고의 목적, 상사의 의도나 지시사항과 관련 없는 자료들은 전부 버린다. 상대방이 무엇을 알고 싶어 하는지, 무엇을 듣고 싶어 하는지를 생각하면 분량이 자연스레 줄어든다. 양이 많다고 좋은 게 아니다. 오히려 보고를 받는 사람 입장에서는 읽어야 할 분량이 많으면 짜증부터 난다.

또 한 가지 주목해야 할 점은 '내가'가 아니라 '누가'를 고려해야 한다는 점이다. 조직에서 일하는 사람은 항상 '누가', 즉 상대방을 고려해야 한다. 조직에서 보고의 상대방은 상사다. 상사의 지시사항과 의도를 정확히 파악하지 못하면 보고서를 제대로 작성할 수 없다.

"과장님. 요즘 저는 재테크에 관심이 많은데, 과장님은 어떤 분야에 관심이 많으신가요?"

회식 자리에서 일 잘하고 보고서 잘 쓰기로 정평이 나 있는 과장님

한 분에게 별 뜻 없이 질문을 던진 적이 있다.

"길 대리. 내 관심사? 언제나 똑같지만 내 관심사는 하나 밖에 없어. 회장님, 실장님 그리고 직속 상사인 상무님께서는 요즘 무슨 생각을 하실까? 그 분들의 관심사가 뭘까? 매일, 특히 출근 시간 버스에서는 그것만 생각해."

망치로 뒤통수를 한 대 얻어맞은 기분이었다. 나와는 전혀 다르다는 걸 느꼈다. 그로부터 몇 달 뒤, 고 최종현 회장께서 기자들을 대상으로 에드워드 드보느의 '수평적 사고'에 대해 강의하는 일정이 잡혔고, 강의 원고를 작성하는 일이 나에게 떨어졌다. 나는 극도로 긴장해서 안절부절 못했다. 글을 쓰는 일을 맡은 건 그 때가 처음이었다. 게다가 수평적 사고에 대해 전혀 아는 바가 없었다. 방법은 한 가지 뿐이었다. 그날부터 일주일 동안 나는 '수평적 사고'에 대해 공부하면서 회장님의 어록과 SK그룹의 성장사를 밤낮없이 읽었다. 아니 거의 외우다시피 했다. '회장님이라면?'을 수없이 생각하면서 글을 쓰고 나서, 입사 후 처음으로 상무님께 칭찬을 받았다. 글로 칭찬을 받은 건 난생 처음이었다. 길이 보이지 않으면 먼저 상대부터 분석해야 하지 않을까?

상사의 의도와 생각을 파악할 때 내가 즐겨 사용하는 방법이 있다. 상사의 글이나 말 속에 새롭게 등장한 용어의 사용빈도가 증가하면 그 용어를 음미하며 의중을 파악하고 미래를 대비하는 방법이다.

내가 '세계화(Globalization)'라는 말을 처음 접한 건 1989년 SK그룹 신입사원교육 중 회장님과 신입사원과의 대화 때였다. 내가 알기로 그

전까지는 회장님이 직원들 앞에서 '세계화'라는 용어를 사용한 적이 전혀 없었다. 신입사원과의 대화 시간에 그 말을 처음 사용하시더니 날이 갈수록 빈도가 증가하기 시작했다. 그때부터 '세계화'라는 용어의 의미가 정확히 무엇인지, '세계화'가 비즈니스 환경을 어떻게 변화시킬지, 회사와 나의 일에 어떠한 영향을 미칠지를 공부하기 시작했다. 그 후, 회장님의 지시는 '세계화'라는 전제 하에 내려오기 시작했다. 그리고 얼마 지나지 않아 '세계화'는 누구도 거부할 수 없는 대세가 되었다.

1995년 산업교육강사로 제2의 인생을 시작한 나는 고객의 니즈를 파악하고 미래를 대비하기 위해 이 방법을 즐겨 사용했다. 회사를 그만둔 지 채 3년도 되지 않아 IMF와 맞닥뜨렸다. 산업교육강사로 자리를 잡기도 전에 내 인생 최대의 위기를 맞은 것이다. 경영이 어려워진 기업들은 교육을 대폭 줄였다. 어떻게 해야 할 지 고민하던 차에 1998년 새해가 밝았고, 나는 곧장 대한민국의 존경할 만한 CEO들의 신년사를 입수했다. 그들의 신년사를 분석하다보니 공통적인 메시지(용어)를 세 가지로 집약할 수 있었다. 그 세 가지는 바로 '글로벌 스탠다드' '스피드 경영' '의식개혁'이었다. 나는 곧바로 '변화관리와 의식개혁'이라는 주제로 이 세 가지 메시지를 경영현장에서 실천할 수 있는 교육 프로그램을 개발했다. 결과는 대박이었다.

중종은 하루에 네 번씩 경연(經筵, 임금에게 유학의 경서를 강론하는 일)에 참석해서 조광조의 이야기를 들었다. 반정 이후, 공신들의 위세에 휘

둘리던 중종에게 조광조의 이야기는 단비와도 같았다. 권위와 입지를 되찾으려 했던 중종에게 절대적인 신임을 받은 조광조는 개혁을 강하게 추진했다. 그러나 그의 개혁은 사사건건 갈등을 일으켰다.

"전하. 명군(明君)은 남의 말을 듣기 좋아하고 자기 의견을 고집하지 않습니다. 그러나 암군(暗君)은 자기 의견만 내세우려 하고 남의 말을 듣지 않습니다. … 임금께서 간언(諫言)을 다한 이를 물리쳐 사기를 꺾으니 이는 나라가 망할 조짐이옵니다. 이는 암군이 하는 일입니다."

돌직구다. 하늘같은 임금을 암군에 빗대다니, 그야말로 세다. 조광조는 거리낌 없이 할 말을 다하는 원칙주의자였다. 중종의 심기가 어땠을까? 밀월관계는 오래가지 않았다. 뿐만 아니라 신하들 사이에서 "시대를 다스리는 힘은 조광조로부터 나온다. 그의 공이 매우 크다."라는 이야기가 입에 오르내렸다. 사람들의 관심과 이목이 중종이 아닌 조광조에게 집중되었다.

"자꾸 조광조가 거슬리네."

시간이 흐를수록 조광조의 과격한 개혁에 소극적인 태도를 보이던 중종. 그에게 위훈 삭제 사건은 자신의 정통성과 직결된 문제였다. 공신을 개정한다는 건 중종 자신을 부정하는 꼴이기도 했다. 조광조의 칼끝이 자신을 겨눌 수도 있다는 위기감을 느낀 중종은 신하들과 상의도 하지 않은 채 그를 제거한다. 이것이 그 유명한 기묘사화(己卯士禍)다.

조광조는 중종을 믿고 직언으로 일관했지만, 중종의 상황과 속마음을 헤아리지 못했다. 조직에서 일하는 사람은 상사의 의도와 지시사항뿐만

　　　　　　　　　　　　　　완벽한 보고서 쓰는 법

아니라, 상사의 성향과 감성적인 측면도 고려해야 한다. 그러지 않으면 상사를 절대로 설득할 수 없다. 성과가 좋지 않은 조직의 보고서를 검토하다 보면 가끔씩 자신의 직속 상사가 일을 잘 못해서 실적이 나쁘다는 돌직구 같은 표현이 나온다. 그야말로 자승자박(自繩自縛)이다.

일을 죽어라 하는데도 성과가 별로인 사람들을 가끔 보게 된다. 왜 성과를 내지 못할까? 이유는 분명하다. '무엇을 위해 누가 무엇을 알고 싶어 하는가?'를 생각하지 않기 때문이다. 상대방의 의도를 파악하여 정곡을 찌르고 싶다면, 그 전에 고사성어 두 가지를 마음에 새기자.

일침견혈(一針見血), 역지사지(易地思之)

목적을 실현했을 때의
아웃풋을 그려라

"왜 금행(金行)이 아니고 은행(銀行)이라고 할까요?"

모 금융회사의 '핵심인재육성과정'에서 '로지컬 씽킹 & 커뮤니케이션(Logical Thinking & Communication)'이라는 주제로 강의를 할 때였다. 강의에 참석한 차장님 한 분에게 던진 질문이다. 금·은·동 중에서 금의 가치가 제일 높다. 올림픽 경기를 볼 때면 은메달을 딴 선수가 금메달을 딴 선수 옆에서 아쉬움과 분한 감정을 숨기지 못하는 경우도 종종 볼 수 있다. 그런데 경제를 좌우하는 최고의 교환수단인 '돈'을 다루는 곳을 왜 금행이라고 부르지 않고 은행이라고 할까?

목적, 즉 일의 본질에 대해 검토한 상사의 눈은 자동적으로 아웃풋(output)으로 간다. '목적을 실현했을 때의 아웃풋은 무엇인가?' 이것이 상사의 최대 관심사다. 비즈니스는 올림픽처럼 참가에 의의를 두지 않는다. 인풋이 있으면 반드시 아웃풋이 뒤따라야 한다. 아웃풋은 일의 결과, 성과, 목표를 뜻하는데, 기획에서는 컨셉(Concept)이 아웃풋이다. 상사의 머릿속에 목적을 실현했을 때의 아웃풋 이미지, 즉 컨셉이 보이지 않으면 절대로 승인받지 못한다.

결과나 성과에 대해서는 대부분 그 의미를 잘 안다. 그러나 목표와 컨셉의 의미를 정확히 이해하고 일하는 사람은 그리 많지 않은 것 같다. 먼저 목표에 대해서 살펴보자. 목표에는 반드시 두 가지 개념이 들어가야 한다. 바로 '기간'과 '수준'이다. 목표는 '일정 기간 내에 도달 또는 달성해야 할 바람직한 수준'을 말한다. 회사의 '연간 매출 목표'라는 말 속에는 'OO년 1월 1일부터 12월 31일까지(기간) 얼마의 매출액(수준)을 올리겠다.'라는 의미가 담겨 있다. 강의 중에 목표를 설명할 때 청중에게 항상 던지는 질문이 있다.

"저 죄송하지만, 살아가면서 개인적인 목표가 무엇인가요?"

그러면 이런 대답들이 돌아온다.

"잘 먹고 잘 사는 겁니다."

"행복하게 사는 겁니다."

"가족 모두 건강하게 사는 겁니다."

이런 답들은 목표가 아니다. 꿈이고 희망사항일 뿐이다. 기간도 없고 수준도 없기 때문이다. 잘 먹고 잘 살려면 돈이 구체적으로 얼마나 필요한지 수준을 정해야 하고, 언제까지 그 돈을 모아야 하는지 기간도 명확해야 한다. 목표의 개념을 알려 주고 나서 개인적인 목표에 대해 또 한 번 질문을 던진다. 그러고 나면 이런 대화가 이어진다.

"개인적인 목표는 5년 안에 집을 한 채 사는 것입니다."

"개집은 지금 당장이라도 제가 몇 채 사드릴 수 있는데요."

"아, 그렇군요. 그렇다면 5년 안에 서울 시내에 20평대 아파트를 사겠습니다."

"서울 시내에 20평대 아파트라……. 동네마다 아파트 가격이 다 다른데요."

"……"

막상 해보면 수준을 정하는 일이 생각보다 만만치가 않다. 수준은 누가 보더라도, 특히 상사가 보았을 때 곧바로 이해할 수 있도록 구체적으로 잡아야 한다.

요즘은 일과 삶의 균형, 즉 워라밸(Work-life-balance)이 대세인 것 같다. 워라밸을 추구하고 싶다면 일뿐만 아니라 삶에서의 개인적인 목표도 수립해야 한다. 이때 개인적인 목표를 너무 멀리 거창하게 잡을 필요는 없다. '2/4분기 내에 실내 암벽등반의 수준을 중급까지 끌어올린다.' '올해 안에 북한산의 15개 등산 코스를 이용해 백운대에 오른다.'와 같이 기간과 수준을 정해 육상경기처럼 하나의 허들로 삼는다. 그리고 자신이 정한 허들을 뛰어넘을 수 있도록 최선을 다한다. 이 같은 개인적인 목표를 달성하면 소소하지만 확실한 행복과 성취감을 맛볼 수 있다. 작은 성취감을 느끼면서 성공 경험을 쌓아나가면 이기는 습관이 생긴다.

이기는 것도 습관이고 지는 것도 습관이다. 삶 속에 이기는 습관이 생기면 일과 싸워도 절대 지지 않는다.

기획을 해서 주저리주저리 보고를 하면 상사들이 말을 가로 막는다.

"잠깐, 됐고. 그러니까 도대체 한 마디로 뭐 하자는 얘기야. 한 마디로 보고해 봐."

기획에서 컨셉은 '현상을 분석해서 명확화 한 과제의 해결 방법을 한 마디로 표현한 것'이다. 잠깐, 컨셉을 제대로 이해하려면 컨셉의 어원부터 알아야 할 것 같다. 컨셉은 con과 cept으로 구성되어 있다. con은 '공통으로'라는 뜻이고, cept은 '품고 있다'라는 뜻이다. 따라서 컨셉은 '공통으로 품고 있는 생각'이다.

기획에서 컨셉은 상사 또는 의뢰인의 생각과 실무자의 생각을 공통으로 꽉 묶어주는 접착제 역할을 한다. 양자의 생각이 같다면 그 기획은 성공한 것이나 다름없다.

회사원 시절, 윗선으로부터 그룹경영기획실의 조직 개편을 준비하라는 지시가 떨어졌다. 세계화가 가시화 되고 문민정부가 출범하면서 그룹경영기획실의 목적, 즉 존재의 이유가 상당 부분 흔들렸기 때문이다. 군사정권이 문민정부로 넘어가면서 정권의 눈치를 보는 일이 줄어들었고, IT혁명이 시작되면서 경영의 투명성도 강력히 요구되기 시작하던 때였다.

조직 개편 TF팀은 곧바로 현상 분석에 착수했다. 존재의 이유가 사라지는 팀도 있었고, 새로운 존재의 이유를 담당해야 할 팀도 필요했다.

여러 달에 걸쳐 기획을 실시한 후, TF팀은 실장님에게 한 마디로 요약해서 보고했다.

"Back to the Basic."

경영의 기본으로 돌아가자. 이것이 바로 당시 기획의 컨셉이었다. 그리고 왜 경영의 기본으로 돌아갈 수밖에 없는지 그 근거를 현상분석을 통해 나온 팩트들로 설명했다.

그 후 경영기획실 조직은 경영 본연의 업무 체제인 MPR/S 체제로 바뀌었다. 마케팅 그룹(Marketing Group), 생산 그룹(Production Group), 연구개발 그룹(R&D Group) 그리고 이들을 돕는 지원 그룹(Supporting Group)으로. 다시 한 번 강조한다. 목표와 컨셉을 분명히 하자. 그것이 기획의 시작이자 성패의 열쇠다.

가도입명(假道入明). 명나라로 가는 길을 빌려 달라. 도요토미 히데요시가 조선을 침략하면서 내세운 명분이다. 임진왜란이 일어나기 1년 전, 히데요시가 조선에 보낸 국서에 이런 내용이 나온다.

"명나라에 진출하여 명나라 400여 주의 풍속을 우리의 풍속으로 바꾸어 놓고, 제도(帝都)의 정화(政化)를 억만년 동안 시행하고자 한다."

히데요시가 명을 침략하려는 목적은 명확했다. 그의 첫 번째 전략은 한양을 점령해서 국왕을 사로잡고 조선을 평정하는 것이었다. 그런 다음, 명나라를 정벌해서 강남의 관문인 영파에 자신의 막부를 건설하려고 했다. 그는 왜 하필 영파에 막부를 건설하려고 했을까?

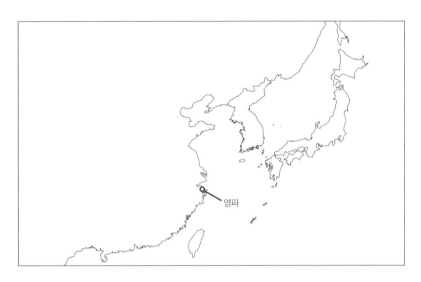

| 그림 1-1 | 무역의 요충지였던 강남의 관문 영파

16세기 대항해 시대의 교환수단, 즉 기축통화는 '은'이었다. 당시 유럽과 명나라의 금 시세는 차이가 무척 컸다. 유럽의 선박들은 너나할 것 없이 은을 싣고 중국으로 몰려들었다. 그런 다음 싣고 온 은을 유럽보다 시세가 저렴한 금으로 교환하고, 유럽으로 다시 돌아가 금을 은으로 교환하여 엄청난 시세차익을 올렸다. 당시 전 세계 은 유통량의 약 50%가 명나라로 들어갔는데, 그 관문이 영파였다. 그리고 중국으로 유입된 은을 거래했던 곳이 바로 '은행'이다. 이것이 바로 은행이라는 용어의 유래다. 세계의 무역상황과 정세를 꿰뚫고 있던 히데요시는 영파를 장악해서 세계 무역을 독점하려 했다. 히데요시의 전략 컨셉을 한 마디로 정리하면 다음과 같을 것이다.

"영파에 막부를 건설해서 세계를 정복하자."

세계 정복을 꿈꾸던 히데요시는 아직까지도 구천을 떠돌며 통곡하고 있을 것 같다. 그 한 사람 때문에 말이다.

"이순신!"

몰랐던 팩트를 만났다면
자신을 부정하라

임진왜란이 일어나기 1년 전, 도요토미 히데요시는 나고야에 조선 침략을 위한 전진 기지를 건설하고 16만의 병력을 양성했다. 그로부터 1년 후, 부산 앞바다에 나타난 일본의 군대는 실전을 거치며 전투력이 몸에 밴 막강한 군대였다. 최신식 개인 화기인 조총으로 무장한 일본군의 화력은 조선의 군대를 추풍낙엽처럼 무너뜨렸다. 개전 20여 일만에 일본군의 선봉이 한양을 점령했다. 더 이상 그들은 조선이 알던 왜구가 아니었다. 도대체 조선은 어쩌다가 일본의 침략에 대비하지 못하고 속절없이 무너졌을까?

비즈니스에서 의사결정이나 판단을 내릴 때 중요한 요소 중 하나가 '사실'이다. 국어사전에서 사실을 찾아보면 다음과 같은 설명이 나온다.

1. 실제로 있었던 일이나 현재 있는 일

2. 겉으로 드러나지 아니한 일을 솔직하게 말할 때 쓰는 말

사실은 실제로 있었던 일이나 현재 있는 일, 즉 입증할 수 있는 일이다. 현장에서는 사실이라는 용어보다 팩트(Fact)라는 용어를 더 많이 사용하는 것 같다. 논리학에서 팩트의 정의는 '입증 또는 반증이 가능한 것'이다. 입증이란 '어떤 증거를 내세워 증명하는 것'을 말한다. 이에 비해 반증이란 '어떤 사실이나 주장이 옳지 않음을 반대되는 근거를 들어 증명하는 것'이다. '운동은 언제나 건강에 좋다.'라는 주장에 대해 '운동이 언제나 건강에 좋은 건 아니다. 운동이 노화를 촉진하는 경우도 있다.'라고 반대되는 근거를 들어 증명하는 것이 반증이다.

비즈니스맨이라면 누구에게라도 입증할 수 있는 팩트에 입각해서 일을 풀어나가고 논리를 전개해야 한다. 팩트에 입각해서 풀어나가되 한 가지 간과하지 말아야 할 것이 있다. 바로 팩트의 진실성을 확보해야 한다는 점이다. 왜 팩트의 진실성을 확보해야 할까? 팩트는 팩트지만 진실이 아닌 경우가 의외로 많기 때문이다. 경쟁업체가 거짓 정보를 흘려 반간계(反間計)를 쓸 수도 있고, 언론이나 인터넷으로 유포된 가짜 뉴스가 진실을 왜곡할 수도 있음을 명심해야 한다.

임진왜란 당시 고니시 유키나가(小西行長)는 첩자 요시라(要時羅)를 경상우병사 김웅서에게 보내 거짓 정보를 흘린다.

"가토 기요마사(加藤淸正)가 머지않아 다시 바다를 건너 올 것이니 조

선 수군이 이 때를 놓치지 말고 가토를 잡으면 됩니다."

요시라가 김응서에게 정보를 흘렸다는 팩트를 접한 선조와 조정은 진실성을 확인하지 않은 채 이순신에게 부산행 출동 명령을 내린다. 그러나 왜군의 간계임을 확신한 이순신은 출동하지 않는다. 결국 이순신은 선조의 명을 거역한 죄로 한양으로 압송되어 투옥된다. 이후의 내용을 그린 것이 이순신 장군이 혹독한 고문을 받는 장면으로 시작하는 영화 「명량」이다.

일반적으로 사실과 진실을 구분하지 않고 쓰는 경우가 많은데 비즈니스맨은 사실과 진실을 철저히 구분해야 한다. 그래야 의사결정이나 판단을 할 때 오판을 피할 수 있다.

눈으로 본 것은 모조리 보고하라. 귀로 들은 것도 모조리 보고하라. 본 것과 들은 것을 구별해서 보고하라. 눈으로 보지 않은 것과 듣지 않은 것은 일언반구도 보고하지 말라.

김훈 작가의 『칼의 노래』에 나오는 문장이다. 500년 전 이순신 장군이 부하들에게 늘 강조한 내용이다. 팩트의 진실성을 확보하기 위한 이순신 장군의 노력을 엿볼 수 있는 장면이다. 이런 노력이 없었다면 전 세계 해전사에 전무후무한 '23전 23승 무패'라는 전적을 이룰 수 없었을 것이다.

팩트의 진실성을 확보하지 못한 채로 기획해서 보고하면 CEO들이 오판을 할 수 있다. 현장의 실무자들이 이 과정을 얼마나 철저히 하느냐에 기획과 보고의 성패가 달려 있다고 해도 과언이 아니다. 진실의 사전적 의미는 '거짓이 없는 사실'이다.

팩트를 수집해서 분석하다가 전혀 알지 못했던 새로운 팩트를 발견하는 경우도 있다. 독일의 철학자 에드문트 후설(Edmund Husserl)은 자신이 모르는 사실에 부딪혔을 때는 몸에 밴 지식과 가치관으로 판단하는 일을 중지하는 '에포케(Epoche, 판단중지)'를 실시해서 새로운 사실과 대면해야 한다고 주장했다. 자신의 지식과 경험과 사고방식을 배제하고, 오로지 사실을 기준으로 생각하고 토론해야 한다. 그 결과 '바꾸어야 하는 것은 결국 자기 자신과 자기 회사'라는 사실, 즉 자기부정(自己否定)을 받아들일 수 있느냐 없느냐가 중요하다.

자신이 모르는 사실에 대해 철저하게 객관적인 태도로 토론하고 다시 한 번 변화의 본질을 생각해야 한다. 그러지 않으면, 한 때 카메라 필름 시장의 90%를 장악하며 세계 최강 기업으로 군림했으나 지금은 지구상에서 사라진 '이스트만 코닥'의 전철을 밟게 될지 모른다.

코닥의 몰락은 디지털 카메라의 등장으로 시작되었다. 그러나 아이러니하게도 디지털 카메라를 세계 최초로 발명한 회사가 바로 코닥이었다. 1975년, 코닥의 연구원인 스티브 새슨은 토스터만 한 크기의 디지털 카메라를 임원들에게 보여주며 설명했다.

"이 카메라는 필름 없이 사진을 출력할 수 있고, 텔레비전 모니터로 사진을 볼 수 있습니다."

"재미있기는 한데……. 으음, 아무한테도 얘기하지 마세요."

필름으로 돈을 버는 코닥에게 디지털 카메라는 회사의 존재 자체를 부정하는 일이나 다름 없었다. 당연히 임원들의 반응은 싸늘했다. 아니 오히려 신기술을 애써 숨기고 외면했다. 그러다가 26년이 지나서야 허겁지겁 디지털 카메라 사업에 뛰어들었지만, 다들 그 사업을 담당하고 싶어 하지 않았다. 한창 돈을 잘 벌어들이는 필름 사업을 떠나서 미래가 불투명한 사업을 떠맡아 고생하고 싶지 않았기 때문이다. 코닥의 임원들 사이에서 디지털 카메라는 그야말로 천덕꾸러기 신세였다.

나는 당뇨병 환자다. 식사 한 끼를 하면서도 '혈당이 올라가면 어쩌나.' 하고 늘 노심초사한다. 공복에 한 번, 식후 2시간 후에 또 한 번, 하루에 두 번씩 혈당을 측정한다. 때로는 하루에 몇 번씩 혈당을 측정하기도 한다. 혈당을 측정하려면 침으로 손가락을 찔러 채혈을 한 뒤, 혈액 속 당분의 농도를 확인해야 한다. 거의 매일 피를 봐야 하는 불쌍한 인생이다. 그런데 반가운 소식이 들려왔다. 포스텍의 한세광 교수와 그의 연구팀이 실시간으로 혈당을 진단할 수 있는 콘택트렌즈를 세계 최초로 개발했다는 뉴스였다.

한세광 교수는 혈액을 대체할만한 것으로 눈물에 주목했다. 혈액과 마찬가지로 눈물에도 글루코스라는 당분이 녹아 있는데, 그가 개발한 콘택트렌즈로 혈당의 변화를 알아낼 수 있다고 한다. 다만 현행 의료법에서는 환자가 채혈식 혈당 측정만 실시할 수 있기 때문에 이 콘택트렌즈의 사용이 불가능한데, 다행히 신기술이 규제로 인해 사장될 위기에

처해 있다는 지적이 나오자 정부가 법적 걸림돌을 제거하기로 결정했다고 한다. 이 기술, 즉 새로운 팩트를 거부하려는 담당자나 회사가 분명히 있을 것이다. 이 기술을 거부하여 이스트만 코닥의 길을 걷는 일이 생기지 않았으면 좋겠다.

인간의 두뇌는 새로 들어온 자극과 정보를 자신이 가진 지식과 경험을 바탕으로 해석해서 받아들이는 기능을 가지고 있다. 그래서 눈앞에 있는 새로운 사실과 이미 축적되어 있는 자신의 지식과 경험 사이에 괴리가 발생하면, 무의식적으로 새로운 사실을 못 본 척하거나 거부한다. 또는 자신의 지식과 경험을 바탕으로 자기 편한 대로 생각해서 실제와 다르게 보며 착각에 빠지기도 한다. 이성을 유지하기 위한 일종의 방어본능이다.

지금 일어나고 있는 변화는 'All or Nothing', 즉 '전부(全部) 아니면 전무(全無)'라는 무시무시한 특성을 가지고 있다. 과거의 변화와는 차원이 다르다. 과학기술의 발달과 융합이 일등부터 꼴찌까지 모두를 죽이고 시장 자체를 없애버린다. 직업이나 직무 자체도 사라지게 만든다.

며칠 전 개인택시 면허 가격이 급락했다는 기사를 보았다. 안타깝다. 앞으로 점점 개개인이 차량을 소유하지 않을 것이고, 운전도 하지 않을 것이다. 지금의 변화는 누군가에겐 획기적인 혁명이고, 누군가에겐 헤어날 수 없는 재앙이다. 분명한 건 세상은 스스로 진화에 진화를 거듭하며 변화한다는 사실이다. 명심하자. 세상이 당신까지 변화시켜 주지는 않는다는 사실을 말이다.

자신이 전혀 알지 못했던 새로운 팩트를 발견하면 두뇌의 방어본능을 경계해야 한다. 새로운 팩트를 접했다면, 자신의 지식과 경험만으로 끙끙대지 말고 그와 관련된 정보를 수집해서 상사에게 신속하게 중간보고를 해야 한다. 그리고 지식과 경험이 서로 다른 팀원들이 모여서 토론해야 한다.

판단을 중지하고 많은 사람들과 토론하며 자기부정을 시도해보아야 한다. 이 때 상사의 눈치를 보거나 코닥의 임원들처럼 서로의 이해관계를 조정하는 토론을 해서는 안 된다. 말 그대로 진짜 토론을 해야 한다. 토론, 즉 discuss는 부정을 의미하는 dis와 원망한다는 cuss의 합성어다. 요컨대 반대하거나 반론을 제기해도 원망하지 않는 것이 토론의 진정한 의미다. 토론하는 힘은 논리적 사고를 거듭하면서 습득할 수 있는 후천적 학습능력이다. 비즈니스를 하는 사람이라면 당연히 토론하는 능력을 키워야 하지 않을까?

조선이 일본의 침략에 대비하지 않았던 건 아니다. 임진왜란 발발 1년 전에 이순신을 전라좌수사에 임명했고, 3개월 전에는 원균을 경상우수사로 보냈다. 다만 기존의 '왜구'라는 틀에서 벗어나지 못한 채, 남해안에서 노략질이나 하다가 돌아가리라 생각했다. 조정은 히데요시가 나고야에 전진기지를 건설하고 16만 병력을 양성하고 있다는 팩트를 접하고도 그 정보를 거부했다. 선봉장인 고니시 유키나가가 이끄는 700여 척의 함대가 부산포 앞바다로 다가오는데도 기존의 지식과 경험에서 빠져 나오지 못한 채 착각만 하고 있었다.

"조공선이 오는구나. 이번에는 규모가 좀 크네."

서른다섯 살에 직장을 그만두고 제2인생의 길을 헤쳐 나아가며 막다른 골목에 들어섰을 때마다 나는 나 자신에게 묻곤 했다.

"내가 무엇을 잘못 생각했지?"

주장을 하려면
근거를 확보하라

    일본의 패망이 가시화 되자, 조지 마셜 미 육군 참모총장은 참모들에게 한국에 머물고 있는 일본군의 항복을 받아낼 작전계획을 수립하라는 명령을 내렸다. 특히 에이브 링컨(Abe Lincoln) 장군에게는 한반도를 어느 곳에서 분할하면 좋을지 보고하라는 별도의 명령을 내렸다. 링컨 준장은 곧바로 전략정책단을 소집했다. 훗날 케네디 정부의 국무장관을 역임한 딘 러스크(Dean Rusk) 대령은 북위 39도선을 주장했다. 북위 39도선은 한반도에서 동서간의 폭이 가장 좁은 곳이다. 다른 위도보다 상대적으로 적은 수의 병력으로 방어할 수 있다는 것이 그 이유였다.

    "아니야."

    상관인 에이브 링컨 장군은 지도 위에 북위 38도선을 따라 선을 그으며 아니라고 말했다. 앤디 패스터(Andy Paster) 대령이 물었다.

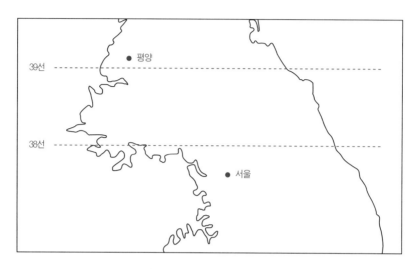

| 그림 1-2 | 38선은 원래 39선이었다

"39도선이 가장 적당한 해결책인데, 도대체 왜 1도 아래로 내려가야 합니까?"

"니콜라스 스파이크만(Nicholas Spykman) 때문이지. 모든 사람이 38도선은 알고 있지만, 39도선은 전혀 모를 테니까."

우리 민족의 피할 수 없는 운명인 38선은 이렇게 결정되었다. 운명의 1도. 39도선으로 결정했으면 방어하기가 훨씬 수월했을 테고, 수많은 생명도 구할 수 있었을 것이다. 무엇보다 39도선은 평양에 가깝고 서울과는 상대적으로 멀리 떨어진 위치다. 도대체 니콜라스 스파이크만이 누구이기에 링컨 장군이 한반도 분할선을 38도선으로 결정했을까?

회사원 시절, 과장으로 승진했을 때의 일이다. 겉으로 드러내지는 않았지만 내심 정말 기뻤다. 책임도 뒤따랐지만 처음으로 직책다운 직책을 맡게 되었기 때문이다. 그런데 얼마 지나지 않아 신기한 경험을 하게 되었다. '며느리 자라서 시어미 되니 시어미 티 더 한다'라는 속담이 딱 나를 두고 한 말이었다.

"그건 네 생각이고."

"자네 주장이 그렇단 말이지. 그렇게 주장하는 이유나 근거가 뭔가?"

"아니. 자네 유치원생이야? 말 하는 게 유치원 다니는 우리 딸하고 어쩜 그리 똑같아?"

비즈니스에서 논리적 사고란 '주장'과 '주장의 근거'를 확보하는 사고를 말한다. 여기서 주장은 실무자의 의견을 말하며, 주장의 근거는 반드시 누구에게나 입증할 수 있는 팩트여야 한다. 아무리 자신의 주장이 옳더라도 그 주장이 옳은 이유나 근거를 설명하지 못하면 상사를 설득할 수 없다.

근거! 근거! 근거!

근거를 확보하기란 여간 힘든 일이 아니다. 나 역시 그랬지만, 실무자들 상당수가 상사에게 근거까지 전달했다고 착각한다.

"아빠. 나 저거 사줘?"

"저거? 저걸 왜 사야 되는데?"

"음, 왜냐하면, 저게 없거든."

아이가 유치원 다닐 때의 일이다. 백화점이나 마트를 돌아다닐 때면 아이가 무언가에 꽂혀서 그 물건을 사달라곤 했다. 왜 사야 하느냐고 물어보면 답은 둘 중 하나다. "왜냐하면 저게 없거든." 또는 "왜냐하면 옆집 철수는 갖고 있는데 나는 없거든."

"우리 회사는 월급을 인상해야 합니다. 왜냐하면 경쟁사 A에 비해 월급이 적기 때문입니다."

"우리 회사는 B 지역에 대리점을 확보해야 합니다. 왜냐하면 그 지역에 대리점이 없기 때문입니다."

"우리 회사는 50~60대를 타깃으로 시니어 최적화 서비스를 제공해야 합니다. 왜냐하면 시니어에 최적화된 서비스가 없기 때문입니다."

부끄러운 일이지만 돌이켜 생각해 보면 나 역시 사원 시절에 이런 식으로 유치원생 같은 근거를 들었던 것 같다. "A를 해야 한다. 왜냐하면 A가 없기 때문이다." "B가 필요하다. 왜냐하면 B가 취약하기 때문이다." "C를 해야 한다. 왜냐하면 경쟁사가 C를 하고 있기 때문이다."

보다 못한 상사가 나무라듯 물었다.

"자네는 왜 이 시장에 진출해야 된다고 생각해?"

"당연하지 않나요? 이 시장에 경쟁사도 진출하고 있으니까요."

"당연해? 당연하다고 생각하는 건 자네 뿐이지. 시장 성장 가능성은 어때? 진출하면 몇 년 안에 투자 회수가 가능해? 우리 회사의 강점을 활용할 수 있어 없어? 수익성은 어떨 거 같아? 기존 사업과 시너지 효과는 있어? 왜 생각을 안 해? 머리는 뒀다 뭐 할 거야?"

"……"

상사로부터 크게 혼쭐이 난 뒤, 나는 두 번 다시 유치원생 같은 근거를 들지 않겠다고 이를 악물었다. 특히, 당연하다고 생각한 건 실무자인 나 자신뿐이었다는 사실을 잊지 않겠다고 다짐했다. 이때까지만 해도 나는 생각을 할 줄 모르는 무뇌(無腦) 비즈니스맨이었다.

지금은 주장할 때 그 이유나 근거를 확보하는 습관이 완벽하게 몸에 뱄다. 그렇지 않았다면 회사를 그만두고 25년 동안 기업교육 강사와 컨설턴트로서 생존하지 못했을 것이다.

주장의 내용, 즉 의견이란 '어떤 대상에 대해 가지는 생각'이다. 논리학에서는 '반론이 존재하는 생각'을 의견이라고 한다. 서로 의견 차가 있을 때는 '끝장 토론'을 해도 차이가 좀처럼 좁혀지지 않는다. 왜냐하면 의견이란 서로의 입장, 이해관계, 취향 및 관심사 등에 따라 얼마든지 반론이 존재할 수 있는 생각이기 때문이다. 의견을 제시하기 전에 반드시 근거를 확보하는 사고의 습관을 키우자. 그것이 프로 비즈니스맨의 기본이다.

예전에 한 언론사에서 우리 국민들의 외국여행 비용을 유럽인들과 비교하며 한국인이 유럽인에 비해 1인당 외국여행 비용을 더 많이 쓴다고 비판한 적이 있다. 그 기사를 보며 나는 마음속으로 반론을 제기했다. '유럽인들은 걸어서도 외국으로 갈 수 있지만, 우리는 비행기를 타거나 배를 타야만 외국에 갈 수 있다'. 이 정도면 반론의 근거로 충분하지 않을까? 얼마 전에 SNS를 통해 알게 된 사실 한 가지가 있다. 앞으로 '해외여행'이라는 말을 쓰지 말고, '외국여행'이라는 말을 사용하자는 내용이었다. '해외여행'이라는 말은 일제 강점기의 잔재라고 한다. 일본은 섬이다. 외국을 가려면 바다 밖으로 나갈 수밖에 없다. 지금은 분단되어 있지만 머지않아 우리는 통일의 시대를 맞이할 것이다. 우리나라가 대륙의 일부라는 사실만으로도 '외국여행'이라는 용어를 사용하자는 주장의 근거로 충분하지 않을까?

서두의 글은 맥아더 장군의 부관으로 인천상륙작전 수립에 참여하고, 흥남 철수 당시 마지막 부대장으로 활동한 에드워드 로우니(Edward L. Rowny) 장군의 회고록 『운명의 1도』에 나오는 내용이다. 니콜라스 스파이크만은 예일 대학의 지리학과 교수이자 『평화의 지리학(The Geography of Peace)』의 저자다. 그는 '세계 최고의 문학과 발명품의 90%가 38도선을 경계로 생겨났다.'고 주장했다. 스파이크만의 열렬한 추종자였던 링컨 장군은 스파이크만의 주장을 근거로 내세우며 자신의 의견을 끝까지 우겼다고 한다.

소련군의 남하를 막는 일이 급선무라서 30분 만에 이루어진 결정이라고 알려져 있는데, 만약 이 내용이 사실이라면 정말 어처구니없는 결정이다. 로우니 장군은 몇몇 지식인들을 제외한 대부분의 사람들은 스파이크만의 책을 읽어보기는커녕 그의 이름조차 들어본 적이 없었다면서 다음과 같이 회고했다.

"그것은 우리의 실수였다."

도대체 문학작품과 발명품이 한반도 분할선과 무슨 관련이 있단 말인가? 이것은 개인적인 지적 취향이며 궤변이다. 논리의 비약이 지나쳐도 너무 지나쳤다. 만약 이 때 링컨 장군의 상사인 맥아더 장군이 이 회의에 참석했더라면 아무리 시간이 없더라도 단호하게 한 마디 했을 것 같다.

"그건 네 생각이고."

결론은
과제에 대한 답변이다

후사가 없었던 명종은 이복동생인 덕흥군의 세 아들을 불러 담소를 나누곤 했다. 하루는 명종이 자신의 익선관을 벗어 조카들에게 건네주며 한 번씩 써보라고 권했다. 지금은 민속촌이나 한옥마을에서 누구든지 익선관을 써 볼 수 있지만, 당시에는 오직 왕과 왕세자만이 곤룡포를 입고 정무를 볼 때 사용했다. 익선관을 건네받은 첫째 하원군과 둘째 하릉군은 아무 생각 없이 익선관을 써보았다. 그러나 셋째 하성군은 쓰기를 마다하며 무릎을 꿇고 대답했다.

"군왕께서 쓰시는 것을 어찌 신하된 자가 쓸 수 있겠습니까?"

이 말을 들은 명종은 하성군의 지혜에 탄복하며 크게 기뻐했다고 한다. 어릴 때부터 영특한 모습을 보이며 명종의 총애를 받던 하성군은 명종이 승하하자 열여섯 살 나이에 왕위에 오른다. 재위 기간 동안, 조선

시대 최고의 성리학자 두 명을 비롯해 가장 막강한 인재 풀(Pool)을 가졌던 이 왕은 누구일까?

비즈니스 커뮤니케이션은 일상생활에서 지인들과 다과를 즐기며 나누는 담소와는 다른 면이 많다. 특히 보고는 조직 내 상하관계에서 이루어지는 수직적 커뮤니케이션이다. 국어사전에서 보고를 찾아보면 '일에 관한 내용이나 결과를 말이나 글로 알리는 일'이라고 나와 있다. 실무자가 보고를 할 때, 구두보고건 문서보고건 상관없이 반드시 명확히 해야 할 두 가지가 있다. 그래야 자신의 메시지를 상사에게 제대로 전달할 수 있다. 그 두 가지는 바로 상사로부터 부여 받은 '과제'와 '과제에 대한 답변'이다. 어느 회사의 사장이 TF팀을 신설하고 다음과 같은 과제의 보고를 요청했다고 하자.

"50~60대를 타깃으로 한 시니어 최적화 서비스를 개발해야 하는가?"

3개월 동안 그 팀은 다양한 정보를 취합하고 분석해서 결론을 내린 뒤에 사장에게 다음과 같이 보고했다.

"시니어 최적화 서비스를 개발하려면 먼저 사업의 수익성과 경쟁사 동향을 충분히 분석해야 합니다. 사업 수익성 측면에서는 이런 점들을 검토해야 하고, 경쟁사들은 저런 점들을 실시하고 있습니다."

결론을 보고 받은 사장의 심정이 어떨까? 나라면 짜증부터 날 것 같다. 과제와 답변의 정합성이 없다. 사장이 듣고 싶어 하는 답변은 무엇일까? 바로 '예스' 또는 '노'다.

왜 이런 일이 벌어질까? 실무자들이 과제를 착각하거나 잘못 알고 있었던 건 아니다. 과제를 검토하는 과정에서 다양한 정보를 수집하고 분석하다 보면 신경 쓰이는 부분이 한두 가지가 아니다. 전달하고 싶은 항목도 점점 늘어난다. 그러다 보면 결국 '과제에 대한 답변'보다 '자신이 말하고 싶은 것'을 보고하기 십상이다. 실무자 시절, 내가 자주 저질렀던 실수 중 하나다. 비즈니스에서의 결론은 '자신이 말하고 싶은 것'이 아니라 '과제에 대한 답변'이 되어야 한다. 따라서 실무자라면 보고하기 전에 과제와 답변의 정합성을 반드시 확인해야 한다.

결론을 전달할 때 또 한 가지 유념해야 할 점은 애매모호한 표현을 쓰지 말아야 한다는 것이다. 예를 들면 아래와 같은 표현들이다.

> "시니어 최적화 서비스로 상품 A를 조속히 런칭한다. 적절한 시기에 상품 B도 서비스를 실시한다."
> "시니어 최적화 서비스를 최상단에 노출하되, 상황에 따라 키즈(Kids) 서비스로 바꾼다."
> "신상품 C의 수익의 움직임을 보면서 현재의 투자계획을 수정한다."
> "단기적으로 A에 전력투구하지만, 중장기적으로는 B를 추진한다."

위의 문장들은 사람들마다 자의적으로 해석할 수 있는 여지가 농후하다. '조속히' '적절한 시기에' '상황에 따라' '수익의 움직임을 보면서' '단기' '중장기'와 같은 표현은 해석하는 사람에 따라 모두 다를 수 있다.

보고할 때는 이런 식의 애매모호한 표현들을 철저히 배제해야 한다. 이런 표현들은 성과가 부진할 때 실무자에게 변명의 여지를 주고 상사에게는 책임 회피의 수단이 된다. 상사와 실무자, 둘 중 누가 보더라도 결론의 판단 기준이 명확해야 한다. 아래와 같이 표현하면 오해의 소지가 줄어들지 않을까?

> "시니어 최적화 서비스로 상품 A를 1/4분기 내에 런칭한다. 상품 A가 손익분기점에 도달하면 상품 B도 서비스를 실시한다."
> "시니어 최적화 서비스를 최상단에 노출한다. 단, 시니어 서비스의 매출이 전년 대비 110%를 상회하지 못하면 키즈 서비스로 바꾼다."
> "신상품 C의 수익률이 상반기 대비 70% 이하가 되면 현재의 투자계획을 수정한다."
> "내년 상반기까지는 A에 전력투구하지만, 그 후부터 3년간은 B를 추진한다."

이황과 이이를 비롯해 선비가 숲을 이룰 정도로 많아서 사림(士林)이라고도 불렸던 인재풀을 가진 조선의 왕은 바로 14대 선조다. 선조의 어릴 때 모습은 내가 그동안 가지고 있던 선조의 이미지와 사뭇 다르다. 백성을 버리고 허겁지겁 도망친 무능함, 상황을 제대로 판단하지 못하고 이순신 장군을 견제했던 이미지가 선조의 전부였는데, 왕위에 오르기 전에는 조금 달랐던 것 같다. 그러니 두 형을 제치고 왕위에 오를 수 있지 않았을까?

　어린 시절의 선조는 명종의 과제를 정확히 파악하고 한 치의 오차도 없이 그 과제에 답했다. 다시 한 번 강조하고 싶다. 누가 무엇을 알고 싶어 하는가?

　　　　　　　　　　　　　　　　　　완벽한 보고서 쓰는 법

What·Why·How를
명확히 하라

"뭐꼬?" "와?" "우짜꼬?"

삼성그룹의 창업자인 고 이병철 회장은 임직원들이 자신에게 보고하기 위해 찾아오면 위의 세 가지 질문을 던졌다고 한다. 이 세 가지 질문으로 삼성그룹을 관리하고 성장시켰다고 해도 과언이 아닐 정도다. "내 생애의 80%는 사람을 뽑고 관리하는 데 사용했다."고 말할 정도로 인재 선발과 관리를 중요시 했던 이병철 회장이 이 세 가지 질문을 던진 이유는 무엇일까?

사람들 간의 소통이 가능할까? 뇌과학자인 카이스트 김대식 교수가 우리에게 던지는 다소 의아한 질문이다. 그의 이야기를 들어보자.

"우리는 사과를 보고 '빨갛다'고 말하지만, 빨간 색에도 복잡한 패턴과 색깔이 있다. 문제는 언어의 해상도가 생각의 해상도보다 더 낮다는 점이다. 그래서 언어로는 빨갛다고 표현할 수밖에 없다. 결국 '빨간 사과'라는 말로 표현하고 서로 이해했다고 착각하는 것이다."

영화 「사랑과 영혼」에서 패트릭 스웨이지가 데미 무어를 뒤에서 끌어안고 도자기를 빚는 그 순간, 두 연인의 교차하는 손길과 감정을 어떻게 말로 표현할 수 있을까? 가쁜 숨을 몰아쉬다가 만난 계곡의 물줄기와 시원한 물소리는 또 어떤가? 김대식 교수의 뇌과학 강의를 들으며 깨닫는 순간의 지적 희열은 또 어떤 언어로 표현할 수 있을까? 일상생활에서 언어로 소통하는 일이 얼마나 어려운지를 김대식 교수는 뇌과학의 이론을 들어 단적으로 설명하고 있다.

비즈니스에서는 또 어떨까? 새로운 일을 기획하거나 신규 사업을 추진할 때 역시 기존의 언어로 표현하기 어려운 경우가 많다. 수많은 기업들이 미래의 성장 동력을 찾으려고 애쓰지만 번번이 난관에 부딪힌다. 새로운 컨셉이나 신규 사업을 기존의 언어로 표현할 수 없기 때문에 상사나 주변 관계자들을 설득하기도 어렵다.

이병철 회장이 반도체 사업에 뛰어들겠다고 하자 사장단에서 일제히 반대했다고 한다. 그때까지만 해도 반도체는 먼 나라의 이야기일 뿐, 사장단마저도 반도체에 대한 개념이 없었다. 이병철 회장이 선택한 것은 반도체에 대한 공부였다. 반도체에 대해 공부하면서 사업에 확신을 가질 수 있었고, 주변 사람들을 이해하기 쉬운 용어로 설득할 수 있었다고 한다. 당시 한글로 반도체를 설명한 책도 없었을 텐데, 선구자의 노력은 지금 생각해 보아도 가늠하기조차 힘들다.

직장생활을 하다보면 커뮤니케이션이 의외로 만만치 않을 때가 많다. 상사를 설득하기 위해 보고하는 경우라면 두말할 필요조차 없다. 그러나 이병철 회장의 세 가지 질문을 잘 활용하면 보고할 때의 커뮤니케이션 정확도가 한층 높아질 것이다.

커뮤니케이션 학자들에 의하면 '완벽한 메시지'에 세 가지 조건이 있다고 한다. 바로 메시지 안에 What, Why, How가 포함되어야 한다는 것이다. 'What?' 일의 범위를 묻는 질문이다. '무엇을 해야 하는가?' '무엇을 알아야 하는가?'에 대해 답할 수 있어야 한다. 'Why?' 일의 본질을 묻는 질문이다. '왜 해야 하는가?' '왜 알아야 하는가?'에 대해 답할 수 있어야 한다. 'How?' 실행해서 성과를 낼 수 있느냐는 물음이다. '구체적으로 어떻게 하면 되는가?'에 답할 수 있어야 한다.

이병철 회장은 커뮤니케이션 학자들이 이론으로 정립하기도 전에 완벽한 메시지를 실전에서 사용했다. 정말 효율적으로 일하는 분이었다는 생각이 든다. 질문이 3음절을 넘지 않는다. '뭐꼬(What)?' '와(Why)?' '우짜꼬(How)?' 오해의 소지가 있을 것 같아 국어사전에 실려 있는 '우짜꼬' 뜻을 밝힌다. 첫 번째 의미는 '큰일 났다'라는 뜻으로 어떻게 해야 할 지 걱정하는 의미다. 두 번째 의미는 지금 다루고 있는 '어떻게 하면 좋을까?'라는 뜻의 경북 지방 사투리다. 자신이 상사에게 전하려는 메시지 안에 이병철 회장이 던진 세 가지 질문의 답이 담겨 있는지 확인해보자.

전국경제인연합회 회장을 보좌하던 시절, 우리나라를 대표하는 기업의 비서실 직원들과 함께 일한 적이 있다. 당시 삼성그룹의 비서실 직원들을 만나면 너무 반가웠다. 그들은 항상 세 가지 메시지로 완벽하게 준비되어 있었다. '무엇을 하러 왔는지?' '왜 왔는지?' '어떻게 시작해서 어떻게 끝낼 것인지?' 무서울 정도였고, 회장을 보좌하던 나보다도 준비가 철저했다.

완벽한 메시지를 구성하는 3요소인 'What' 'Why' 'How'를 구두보고나 보고서 작성 시에 어떻게 활용하면 될까? 그 구체적인 방법을 2부에서 실무적으로 알아보도록 하자.

2. 한 장으로 요약하라

실무자에게
로직이란 무엇인가

1873년 고종은 친정을 선언했다. 흥선대원군의 정책은 좋고 나쁨을 떠나 모두 부정되었고, 권력 기반은 명성황후의 민씨 가문으로 신속히 이동하였다. 조선은 외척의 의도대로 척신(戚臣) 정치가 이루어지기 시작했다. 같은 해, 일본의 내각은 조선을 침략하여 식민지로 삼자는 논의를 통과시켰다. 이른바 요시다 쇼인의 정한론(征韓論)이다. 요시다 쇼인이 누구인가? 일본의 아베 총리가 존경하다 못해 스승으로 삼고 있다는 인물이다. 일본의 근대화를 이끌었던 에도 막부의 사상가 요시다 쇼인은 "무력 준비를 서둘러 미국처럼 군함과 포대를 갖추고 오키나와 조선을 정벌하고 만주를 점령하여 옛날의 영화를 되찾아야 한다."고 제자들을 가르쳤다.

일본에게 옛날의 영화가 있었나? 도대체 그런 게 있었는지조차 모르

완벽한 보고서 쓰는 법

겠다. 어쨌든 그의 제자들 중 수제자가 이토 히로부미다. 그런데 희한하게도 내각회의까지 통과한 스승의 정한론을 끈질기게 반대한 사람 역시 이토 히로부미였다. 도대체 왜 그랬을까?

로직, 즉 논리란 무엇일까? 논리를 사전에서 찾아보니 '말이나 글에서 사고나 추리 따위를 이치에 맞게 이끌어가는 과정이나 원리'라고 나와 있었다. 그러나 사전을 뒤져서 정의를 확인한 뒤에도 여전히 이해가 되지 않았다.

'말이나 글에서 사고나 추리를 어떻게 이치에 맞게 이끌어 가지?'

실무적으로 전혀 이해가 되지 않았다. 나는 곧바로 팀장에게 달려가서 따지듯이 물었다.

"아니. 우리가 논리학자도 아닌데, 어떻게 일을 논리적으로 할 수 있죠? 도대체 논리가 뭔가요?"

"논리는 한 마디로 순서지. 일을 어떻게 풀어갈지 순서를 정하고, 추리를 통해 스토리를 만드는 거라고. 예를 들어 양식을 먹을 때 기본 코스는 다섯 가지야. 처음은 애피타이저, 그 다음에는 샤베트가 나와. 샤베트로 입안을 씻어내야 메인 디시를 제대로 맛 볼 수 있으니까. 그 다음에 디저트와 커피로 마무리하는 거지. 이게 바로 순서, 즉 논리야. 이런 순서로 먹어야 쉐프의 요리를 제대로 느낄 수 있고 건강에도 좋겠지. 이봐, 뷔페에 가면 뭘 가장 먼저 먹어야 할까?"

"당연히 비싼 음식부터 먹어야죠."

"음, 그건 자네가 건강하니까 하는 얘기고. 찬 음식으로 시작해서 더운 음식으로 마무리를 해야지. 나이 들어 봐. 찬 거 먹었다 더운 거 먹었다 반복하면 위통이 온다고."

"순서와 스토리는 알겠습니다. 그런데 추리는 뭐죠? 또, 추리와 추론은 다른 건가요?"

"추리(推理)는 머릿속에서 이루어지는 사고의 과정이고, 추론(推論)은 그 사고의 과정을 거쳐서 나온 생각을 말이나 글로 표현한 거지."

아래 글은 이해인 수녀의 시 '내가 아플 때는'의 두 번째 파트다. 잠시 쉬어가는 기분으로 음미하면서 읽어 보자.

많이 아픈 이들과는
비교도 안 되는
나의 조그만 아픔들이
이리 크게 다가올 줄이야
이리 크게 부끄러울 줄이야

내가 조금 아프니
남에겐 관심 없고
오직 내 아픔만
세상의 중심이네

남에게 잘 참으라고

가볍게 했던 말
내 방식대로 훈계한 말
부끄러워 숨고 싶네

옆에서 남이 나에게
아무리 아픔을 호소해도
심각하게 듣진 않았지
그냥 잘 참으라고만 했지

좀 이상하지 않은가? 잠시 쉬기는커녕 머리만 복잡해졌을 것 같다. 사실 위의 글은 '내가 아플 때는'의 두 번째 파트의 순서를 내가 임의대로 바꾼 것이다. 이번에는 원래 순서대로 다시 읽어 보자.

옆에서 남이 나에게
아무리 아픔을 호소해도
심각하게 듣진 않았지
그냥 잘 참으라고만 했지

내가 조금 아프니
남에겐 관심 없고
오직 내 아픔만
세상의 중심이네

남에게 잘 참으라고
가볍게 했던 말
내 방식대로 훈계한 말
부끄러워 숨고 싶네

많이 아픈 이들과는
비교도 안 되는
나의 조그만 아픔들이
이리 크게 다가올 줄이야
이리 크게 부끄러울 줄이야

어느 날 갑자기 온몸에 두드러기가 나서 가려움증을 견디기 힘들어 하는 심정을 글로 표현, 즉 추론한 시다. 건강했을 때 지인을 병문안 했던 경험을 활용해 독자들이 공감할 수 있도록 추리해서 말의 순서를 정하고 스토리를 만들었다. 이것이 논리다. 이처럼 추리의 힘은 따뜻하고 아름답고 순수한 시에서도 막강하다.

한 나라를 침략할 때도 순서가 있다. 논리와 이치에 맞는 대의명분이 필요하다. 이토 히로부미가 조선을 침략하자는 데 반대한 건 아니다. 명분을 위해 때를 기다렸을 뿐이다.

'지금 쳐들어가면 조선에 커다란 영향력을 발휘하는 청나라가 개입

할 것이다. 만약 패배하면 정한론이 단번에 물거품이 된다. 군사력을 키워 때를 기다려야 한다. 문명국이자 선진국인 일본이 동양의 평화를 지켜야 하는데 어떻게 침략전쟁을 벌일 수 있단 말인가? 조선의 지도층이 침략의 명분을 주도록 만들어야 한다.'

우리 입장에서는 소름끼칠 만큼 치밀한 전략이다.

매관매직을 일삼으며 부패할 대로 부패한 외척세력과 안하무인 격으로 수탈하는 관리들에 분노한 농민들은 봉기를 일으킨다. 바로 동학농민운동이다. 동학농민운동의 불꽃이 걷잡을 수 없이 커지자 명성황후는 청나라에 파병을 요청한다. 동학군을 진압하기 위해 청나라는 조선에 군을 주둔시킨다. 텐진조약을 빌미로 일본군 역시 조선에 상륙한다. 동학군을 진압한 이토 히로부미는 거짓말을 하며 청일전쟁(1894)과 러일전쟁(1904)을 일으킨다.

"청과 러시아에 대항할 힘이 없는 조선을 방치한다면, 조선은 멸망할 수밖에 없다. 동양의 평화에 해가 되지 않도록 일본이 조선을 보호하려는데 어찌 이런 이치를 모른단 말인가?"

민중의 반발에도 불구하고 반성과 개혁의 기미를 보이지 않았던 조선의 지도층은 결국 나라를 일본에 넘겨주었다. 리더의 역할이 얼마나 중요한가? 일본 입장에서 볼 때, 가장 지혜롭고 치밀한 전략가였던 이토 히로부미는 조선을 식민지로 만들 논리, 즉 순서를 만들었다. 이 사람이 조선의 통감으로 계속 있었다면 어떤 일이 벌어졌을까? 생각만 해도 끔찍하다.

일침견혈(一針見血)! 우리의 영웅 안중근 의사는 하얼빈에서 이토 히로부미를 저격하고, 서른한 살의 나이에 뤼순감옥에서 순국하셨다. 서른한 살에 나는 무엇을 했는가?

피라미드 구조로
로직을 구성하라

경영 컨설턴트들이 논리적으로 생각하고 글을 쓰는 데 가장 큰 영향을 끼친 사람은 누구일까? 나는 단연코 바바라 민토(Babara Minto)라고 생각한다. 바바라 민토는 맥킨지 사 최초의 여성 컨설턴트다. 맥킨지 재직 시절, 문서 작성에 관한 탁월한 능력을 인정 받아 유럽 컨설턴트들을 대상으로 보고서 작성을 지도하는 책임자가 되었다. 당시 그녀가 보고서 작성에 관한 자신의 지식과 역량을 집대성한 결정체가 바로 『피라미드 원칙(Pyramid Principle)』이다.

내가 바바라 민토를 처음 알게 된 건 1988년 초봄이다. 난생 처음 일본으로 출장을 갔을 때였는데, 일을 마치고 나니 운 좋게도 하루 일정이 통째로 비었다.

'내일 하루는 뭘 하지? 하코네가 유명하다는데 거기 가서 온천이라도

할까? 아키하바라에 가서 전자제품 쇼핑이라도 할까? 아니면 도쿄 맛집 탐방이나 할까?'

이런저런 생각을 하다가 일전에 경영기획실장님이 꺼내셨던 이야기가 퍼뜩 떠올랐다.

'외국 출장을 가면 가급적 시간을 내서 서점에 들러라. 서점에서 신간 서적과 스테디셀러의 제목들만이라도 훑어봐라. 그러면 세상이 어떻게 변하는지, 새로운 트렌드가 뭔지 알 수 있다.'

나는 생각을 바꾸어 도쿄에서 가장 큰 서점에 가보기로 결정했다. 다음날 지하철 역에 내려서 서점으로 향하는 길에 공원을 지나게 되었다. 공원에는 봉오리를 맺기 시작한 꽃들이 가득했다. 꽃봉오리를 보며 잠시 상념에 빠졌다.

'그래 맞아. 나는 아직 꽃봉오리일 뿐이야. 지금은 일에 쩔쩔매지만 나도 언젠가는 저 꽃들처럼 봉오리를 활짝 피고 만개하겠지.'

서점에 들러 책을 훑어보던 중에 한 권의 책이 나의 시선을 사로잡았다. 『논리적으로 글쓰기, 논리적으로 생각하기』 바바라 민토가 1973년에 저술한 『피라미드 원칙』의 일본어 번역본이었다. 보고서를 작성할 때마다 어려움을 겪던 터라 제목만 보고도 가슴이 뛰었다. 책을 들고 바로 계산대로 달려갔다.

그날부터 한 장 한 장 정독하면서 바바라 민토의 피라미드 구조가 몸에 완전히 붙을 때까지 연습하고 또 연습했다. 연습을 거듭할수록 글을 쓰고 생각할 때마다 복잡하기만 했던 머릿속이 점점 단순하고 명료해지기 시작했다. 단순하고도 강력한 사고의 도구, 즉 피라미드 구조라는 새로운 무기를 장착한 것이다. 아마도 그 후부터 꽃봉오리가 활짝 피기 시작한 것 같다. 피라미드 구조란 과연 무엇일까?

8년의 직장생활, 25년의 강의·컨설팅을 하면서 수많은 CEO와 오너들을 만났다. 그들 중 대다수는 의사결정을 할 때 세 가지가 명확한지 확인하는 공통점이 있었다. 첫 번째는 '목적'이다. 두 번째는 목적을 실현했을 때의 '아웃풋 이미지'다. 세 번째는 목적을 실현해서 아웃풋 이미지로 가는 '로직'이다.

목적과 아웃풋 이미지에 대해서는 1부에서 이미 설명했다. 지금부터는 로직, 특히 비즈니스에 있어서의 로직에 대해 알아보자. 로직은 한마디로 순서다. 그렇다면 구두건 문서건 상사들이 보고를 받을 때, 순서상 제일 먼저 알고 싶어 하는 것은 무엇일까?

바로 '결론'이다. 결론에 대해서 다시 한 번 강조하고 싶다. 비즈니스에서의 결론은 '자신이 말하고 싶은 것'이 아니다. '과제에 대한 답변'이 결론이다.

두 번째로 알고 싶어하는 것은 '논리적인 구성'이다. 이 과제에 왜 이러한 답변, 즉 결론을 도출할 수밖에 없었는지, 결론을 뒷받침하는 로직이 명확해야 한다.

세 번째는 '근거 증명'이다. 팩트를 수집하고 그것을 토대로 로직의 근거를 증명해야 한다.

비즈니스 로직을 구성할 때, 이 세 가지만 명확히 하면 상사에게 깨질

| 그림 2-1 | 보고 시 상사들이 알고 싶어하는 세 가지

일이 별로 없을 것이다. 상사들이 알고 싶어 하는 순서를 그림으로 나타내면 〈그림 2-1〉과 같다.

이 세 가지를 명확화 할 때 도움이 되는 사고의 도구가 바로 바바라 민토의 피라미드 구조다. 피라미드 구조는 결론을 기점(起點)으로 로직을 구성하고 근거를 증명하는 도구다. 문서건 구두건 보고를 할 때는 결론부터 이야기해야 한다.

보고서를 작성해서 보고를 실시하다 보면 "잠깐, 됐고." 하며 상사들이 말을 가로막는 경우가 종종 있다. 프레젠테이션을 할 때, 자신은 분명히 앞부분의 내용을 이야기하고 있는데 상사들이 보고서나 기획서의 뒤쪽을 자꾸 넘겨보는 경우도 흔하다. 도대체 왜 그럴까? 한 마디로 결론이 뭔지 알고 싶어서다.

보고서나 기획서 작성을 위해 추리를 할 때는 '서론-본론-결론' 또는 '기-승-전-결'의 순서대로 하지만, 보고를 받는 상사의 입장에서는 결론부터 이야기해주어야 이해가 빠르다. 결론부터 이야기하는 일이 얼마나 중요한지 간단한 사례를 보며 확인해보자. 다음 글은 내가 회장을 맡고 있는 모임에서 총무가 내게 이메일로 보낸 글이다. 우리 모임은 여름

완벽한 보고서 쓰는 법

을 맞아 보양식으로 민어를 먹기로 했다.

"병철이는 계약이 늦어져 홍콩에서 내일 오후 늦게 돌아온다고 함. 석일이는
오늘 모임을 내일이나 모레로 연기해도 괜찮지만, 선약을 깜빡 잊어서 오늘 8
시 이전에는 참석할 수 없다고 함. 보영이는 갑작스런 일이 생겨서 오늘 7시
모임에 참석할 수 없다고 함. 독도회집은 이번 주 저녁 예약이 꽉 차있는데,
수요일만 비어 있다고 함. 수요일 저녁 7시로 모임을 연기하는 게 좋을 것 같
은데, 너는 어떻게 생각하니?"

짧은 내용이지만 몇 번을 읽어야 이해가 될 것 같다. 이 글을 피라미
드 구조에 맞게 바꾸어 쓰면 아래와 같다.

"오늘 모임을 수요일 오후 7시로 변경하면 어떨까? 그러면 병철이랑 석일이
도 편하고, 보영이도 참석할 수 있대. 그리고 이번 주 독도회집은 예약이 꽉
차서 자리가 그 때밖에 없다고 함."

이 글을 다시 피라미드 구조로 표현하면 〈그림 2-2〉와 같다. 결론을
먼저 이야기하고, 그 아래에 왜 그런 결론을 도출할 수밖에 없었는지 이
유 또는 근거를 제시하고 있다.

이처럼 짧은 글이라도 결론부터 이야기해야 상대방 입장에서 훨씬
이해하기 쉽다. 하물며 보고서나 기획서는 두 말할 필요조차 없다. 바바

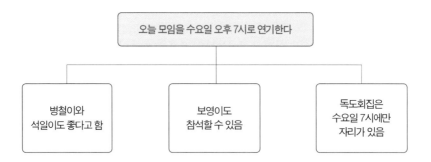

| 그림 2-2 | 결론과 이유의 피라미드 구조

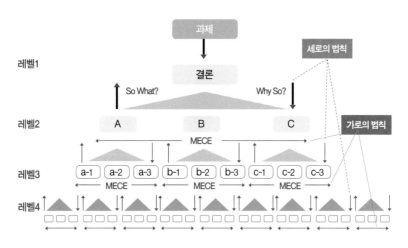

| 그림 2-3 | 바바라 민토의 피라미드 구조

라 민토의 피라미드 구조는 〈그림 2-3〉과 같다.

모양이 마치 피라미드의 한 단면을 보는 것 같다. 피라미드 구조는 한 마디로 '비즈니스 논리 구조'다. 비즈니스 논리 구조란 '결론으로서의 자기 주장'과 '그 결론을 뒷받침할 수 있는 이유나 근거'의 구조를 말한다. 메시지를 논리적으로 정리하기 위해 이보다 더 간단하고 강력한 사고의 도구가 또 있을까?

자, 그렇다면 비즈니스 로직을 어떻게 피라미드 구조로 만들 수 있을까? 자신의 메시지를 피라미드 구조로 만들려면 〈그림 2-4〉와 같이 두 가지 법칙을 반드시 지켜야 한다. 비즈니스 로직을 피라미드 구조로 어떻게 만드는지 설명하기 전에 이 두 가지 법칙부터 이해하도록 하자.

피라미드 구조에서 가로의 법칙은 중복과 누락을 방지하는 것이다. 중복과 누락을 방지하려면 'MECE'라는 사고의 도구를 이해해야 한다. 세로의 법칙은 논리의 비약을 막는 것이다. 논리의 비약을 막기 위해서는 'So What/Why So'라는 사고의 도구를 활용해야 한다.

그럼 비즈니스 로직을 피라미드 구조로 어떻게 짜는지에 대해서는

| 그림 2-4 | 피라미드 구조의 두 가지 법칙

잠시 잊고, 이 두 가지 법칙부터 익혀보자.

원리·진리·순리 등 끝에 '리(理)'가 붙은 단어는 인간이 찾아내고 발견하고 따라야 하는 것이지만, 원칙·법칙·규칙 등 끝에 '칙(則)'이 붙는 단어는 '리'를 바탕으로 인간이 인위적으로 정한 것이다. 그래서 '칙'을 지키지 않으면 문제가 발생하는 법이다. 마찬가지로 피라미드 구조를 완성하는 두 가지 법칙, 즉 가로의 법칙인 MECE와 세로의 법칙인 SoWhat/Why so를 지키지 않으면 자칫 논리에 허점이 생기고 심각한 문제가 발생할 수 있다.

MECE로
중복과 누락을 방지하라

다시 생각하기조차 싫은 세월호의 침몰. 그날 우리 국민들이 잠시나마 기뻐했던 순간이 있었다. 가슴 졸이며 바라보던 텔레비전 뉴스 화면 하단에 '단원고 학생들 전원 구출'이라는 속보 자막이 올라왔을 때다. 고등학생 아이를 둔 나 역시 자막을 보자마자 환호성을 질렀다. 내 아이가 죽음의 문턱에서 살아 돌아온 것처럼 기쁘기 그지없었다.

그러나 잠시뿐이었다. 얼마 지나지 않아 오보였다는 사실이 알려졌다. 현장 담당자들이 구조한 인원을 중복해서 보고하는 바람에 벌어진 웃지 못할 촌극이었다. 아무리 긴급하더라도 보고하기 전에 중복되거나 누락된 부분이 있는지 확인하는 것이 담당자의 의무다. 강의 중이었던 이 날, 나는 강의를 계속 진행할 수 없었다. 머릿속에서 어린 아이들의 울부짖음만 떠올랐다.

세월호 사건뿐만 아니라 언론에서 재해재난 사고를 접할 때마다 생존자나 구조자 수가 틀리는 경우가 많다. 심지어 방송사마다 다를 때도 있다. 왜 이런 일이 발생할까? 생존자나 구조자 수를 종합할 때 중복이나 누락이 발생하기 때문이다. 어느 상황이나 마찬가지겠지만, 특히 비즈니스에서는 수치가 매우 중요하다. 수치가 잘못되면 상사가 오판을 내릴 수 있다. 수치뿐만이 아니다. 생각을 정리할 때나 글을 쓸 때도 중복이나 누락이 있으면 안 된다. 직장에 근무하던 시절, 상사들에게 기획서나 보고서를 올리면 대부분 목차를 보며 내용에 중복이나 누락이 있는지부터 확인했다.

"SWOT 분석을 했으면 우리의 핵심역량이 무엇인지, 성공의 핵심요소가 뭔지도 밝혀야지. SWOT 분석까지는 괜찮은데 보고서에서 그 부분이 누락되어 있어. 그러니까 다음 스토리가 이어지지 않잖아? 다시 한 번 생각해 봐."

중복과 누락을 방지하는 사고의 도구는 MECE다. MECE는 'Mutually Exclusive, Collectively Exhaustive'의 약자다. 'Mutually Exclusive'는 각각의 사안이 서로 배타적이고 독립적이어서 중복이 없다는 뜻이다. 'Collectively Exhaustive'는 각각의 사안을 모아 놓으면 전체적으로 누락이 없다는 뜻이다. 한 마디로 말해서 전체적으로 중복과 누락이 없는 것을 "MECE하다."라고 말한다.

맥킨지에서 MECE의 개념을 설명할 때 가장 많이 드는 예가 있는데, 바로 '가위·바위·보' 게임이다. 가위, 바위, 보 각각의 사안은 서로 배

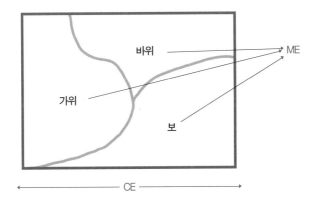

│ 그림 2-5 │ 가위·바위·보 게임은 MECE하다

타적이고 독립적이며 중복이 없다. 또 가위, 바위, 보 각각의 사안을 모아 놓고 보면, '가위·바위·보'라는 게임 전체에 누락이 없다. 따라서 '가위·바위·보' 게임은 MECE하다.

15년 전, 모 급식업체의 의뢰로 컨설팅을 겸한 '현장 문제 해결 과정'을 2박3일 동안 진행한 적이 있다. 현장에서 해결하지 못한 문제를 들고 와서 3일 동안 나와 참가자들이 함께 풀어나가는 과정이었다. 15년이라는 세월이 흘렀으니 보안과 관계없을 것 같아 일부만 공개한다.

참가자들이 절박하게 생각하던 문제여서인지 토론의 열기가 뜨거웠다. 당시, 유독 한 팀이 문제를 명확화 하지 못하고 계속 겉돌기만 했다. 이 팀은 '우리 회사는 늘 업계 선두권이었는데 뜻하지 않은 경영환경 변화로 경쟁업체에 거래처를 뺏기면서 이익이 서서히 악화되기 시작했다'는 문제로 토론을 이어가고 있었다. 나는 토론이 어떻게 진행되는지

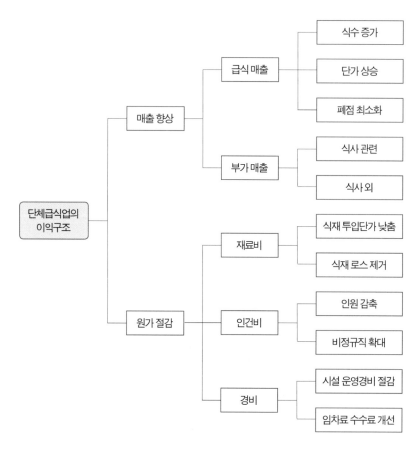

```
                                        ┌─── 식수 증가
                           ┌─── 급식 매출 ├─── 단가 상승
                           │             └─── 폐점 최소화
               ┌─── 매출 향상 │
               │           └─── 부가 매출 ┌─── 식사 관련
               │                         └─── 식사 외
단체급식업의 ───┤
이익구조        │                         ┌─── 식재 투입단가 낮춤
               │           ┌─── 재료비 ──┴─── 식재 로스 제거
               │           │
               └─── 원가 절감 ├─── 인건비 ┌─── 인원 감축
                           │           └─── 비정규직 확대
                           │
                           └─── 경비 ──┌─── 시설 운영경비 절감
                                       └─── 임차료 수수료 개선
```

| 그림 2-6 | 단체급식업의 이익구조

관찰하기 위해 그 팀의 테이블에 자리를 잡고 앉았다. 한 시간쯤 토론하
는 모습을 지켜보면서 팀원들이 단체급식업의 이익이 어떻게 발생하는
지 전체상을 파악하지 못하고 있다는 생각이 들었다. 나는 잠시 토론장
을 빠져 나와 한 시간 동안 들은 내용을 바탕으로 단체급식업의 이익구

조에 대해 정리해보았다. 당시 정리한 내용이 〈그림 2-6〉이다.

단체급식업의 이익구조라는 관점에서 보면, 우선 '매출 향상'과 '원가 절감'으로 분해할 수 있다. '매출 향상'과 '원가 절감' 각각의 이슈는 서로 중복이 없다. 이를 "Mutually Exclusive하다."라고 말한다. '매출 향상'과 '원가 절감' 각각의 이슈를 전체적으로 모아 놓으면, 상위 요소인 '이익'이라는 개념에서 누락이 없다. 이러한 상태를 "Collectively Exhaustive하다."라고 말한다. 따라서 '이익'이라는 상위 개념과 하위 요소인 '매출 향상'과 '원가 절감'은 MECE하다.

동일한 방식으로 하위 요소를 분해해나가면 된다. '매출 향상'은 '급식 매출'과 '부가 매출'로 이루어져 있다. '급식 매출'과 '부가 매출'은 서로 중복이 없고, 상위 요소인 '매출 향상'에 대해 누락이 없다. '원가 절감'은 '재료비' '인건비' '경비'가 대부분을 차지했다. '재료비' '인건비' '경비'는 서로 중복이 없고, '원가 절감'에 대해 누락이 없다. 이야기를 들어보니 '급식 매출'은 '식수 증가' '단가 상승' '폐점 최소화'로 이루어져 있었고, '부가 매출'은 '식사 관련 매출'과 특판 등 상품판매와 같은 '식사 외 매출'로 이루어져 있었다. 원가절감의 '재료비'는 '식재 투입단가 낮춤' '식재 로스량 제거'로 분해할 수 있었다. '인건비'는 요즘 같으면 어림도 없는 이야기이지만, 작업량에 따른 탄력적 운용을 위한 '인원 감축'과 '비정규직 확대'로 나눌 수 있었다. '경비'는 '시설 운영경비 절감'과 '임차료 수수료 개선'으로 나눌 수 있었다.

이와 같이 상위 요소를 하위 요소로 분해해나가면서 MECE라는 개념을 활용하면 된다. 15년 전이라 정확히 기억나지는 않지만, 아마도 '식수 증가'는 '내부 이용률 향상'과 '외부 고객 유치'라는 요소로 분해할 수 있을 것이다. '단가 상승'은 '계약 단가 인상'과 '고 단가 메뉴 비율 증가'로 나눌 수 있지 않을까?

이처럼 어떤 한 가지 주제를 쉽게 다룰 수 있도록 체계적으로 분해하는 사고의 도구를 '로직 트리(Logic Tree)'라고 한다. 이 그림을 시계 방향으로 90도 돌리면 피라미드 구조가 된다.

이와 같이 어떤 주제나 사안을 MECE라는 개념으로 파악하는 이유는 무엇일까?

첫째, 문제를 해결할 때 서로 중복되거나 누락되는 부분이 없도록 하기 위해서다. 중복이 생기면 불필요한 비용이 투입되거나 혼란을 야기할 수 있고, 누락이 생기면 모처럼 찾아온 기회를 상실할 수 있다. 피라미드 구조는 '결론으로서의 자기 주장'과 '그 결론을 뒷받침할 수 있는 이유나 근거'의 구조라고 했다. 자신의 결론을 상사에게 설득할 때, 만약 근거에 중복이 있으면 상사가 혼란스러워 할 테고, 누락이 있으면 이해할 수 없을 것이다.

둘째, 전체 상을 한 눈에 파악하기 위해서다. 전체 상을 파악하지 못하면 상황을 제대로 이해할 수 없고 효과적인 대책도 마련할 수 없다. 어떤 사안에 대해 중복이나 누락이 있는지 확인하기 위해서도 전체 상을 파악해야 한다. 그러나 전체를 파악하기란 생각보다 힘들다. 여러 차례 시행착오를 거쳐야만 가능하다. 하지만 다행스럽게도 이미

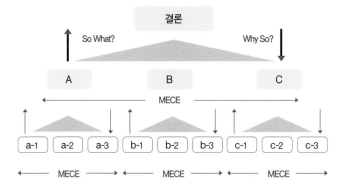

| 그림 2-7 | 피라미드 구조와 MECE의 활용

전체를 파악하는 도구들이 많이 축적되어 있다. 전략을 수립할 때는 3C(Customer, Competitor, Company)분석과 SWOT(Strong point, Weak point, Opportunity, Threat)분석을 실시한다. 마케팅 기획을 할 때는 4P(Product, Price, Place, Promotion)를 자주 활용한다. 긴급을 요하는 보고는 '현상-문제점-대책'으로 구성한다.

피라미드 구조에서 가로의 법칙, 즉 중복과 누락을 방지하는 MECE 는 〈그림 2-7〉과 같이 활용하면 된다. '결론으로서의 자기 주장'과 '결론을 뒷받침할 수 있는 이유나 근거', 즉 A, B, C의 구조를 MECE하게 만든다. 그런 다음, '상위 메시지 A'와 그 메시지를 뒷받침 할 수 있는 a-1, a-2, a-3를 MECE하게 만든다. B와 C도 동일한 방식으로 진행하면 된다.

르네 데카르트(R. Descartes)는 "나는 내가 존재한다는 사실을 제외한 모든 것을 의심한다. 의심할 때 생각하게 되고, 생각할 때 나는 존재한다."라고 설파하며 과학적 합리주의를 주장하였다. 그는 자신의 저서 『방법서설』에서 학문을 연구할 때 지켜야 할 네 가지 규칙을 제시했다.

첫째, 수학의 명증성의 규칙이다. 명확하게 검증하지 않은 것을 참이라 하지 말라. 둘째, 분해의 규칙이다. 문제를 해결하려면 분해 가능한 요소로 최대한 분해하라. 셋째, 합성의 규칙이다. 생각을 순서에 따라 이끌어가라. 즉, 가장 단순한 것에서 시작하여 점점 복잡한 것으로 생각의 수순을 옮겨라. 넷째, 열거의 규칙이다. 문제의 모든 요소를 열거하고 하나도 빠짐없이 검토하라.

분해의 규칙과 열거의 규칙을 곱씹어 생각해보라. MECE가 떠오르지 않는가?

완벽한 보고서 쓰는 법

So What/Why So로
논리의 비약을 없애라

모 기업의 의뢰로 앞서 이야기 한 단체급식업체보다 훨씬 강도 높은 심화과정을 3년 가까이 실시한 적이 있다. 과정마다 2박3일 일정으로 진행했는데, 말이 2박3일이지 나와 참가자들 모두 밤을 새다시피 하며 진행한 힘든 과정이었다.

첫날은 참가자들이 제기한 문제들을 명확화 하고 이슈트리(Issue Tree)를 만들었다. 참가자들이 이슈트리를 제대로 만들지 못하면, 무엇이 잘못되었는지 피드백해주면서 다시 생각해 보라고 했다. 참가자들은 내가 오케이 사인을 해야 숙소로 돌아가 잠을 청할 수 있었다.

둘째 날에는 팀 별로 전날 작성한 이슈트리를 들고 현장으로 가서 확인을 했다. 저녁 식사 전까지 전문가의 자문, 현장 확인, 인터뷰 등을 실시해 팩트를 입증해 와야 했다. 나도 참가자들과 동행해서 제대로 현장을 확인하는지 추적했다. 돌아온 뒤에는 현장 검증 절차를 거쳐 입증된 팩트들을 정리하여 과제를 명확화 했다.

셋째 날 오전에는 과제의 해결책을 찾는 시간을 가졌고, 오후에는 3일간의 과정을 한 장으로 요약해서 정리한 다음 일정을 마쳤다.

이후 참가자들은 현장으로 복귀하여 해결책을 실행한 다음, 한 달 뒤에 그 결과를 기획실에 보고했다. 나도 힘들었지만 참가자들도 정말 고생이 많았던 과정이었다.

당시 참가자들 중에 마트 구매팀이 있었는데, 그들이 제기한 문제 한 가지를 소개하고자 한다. 마트 구매팀에서 제기한 문제는 딸기였다. 시즌을 대표하는 상품임에도 불구하고 흰 곰팡이가 발생하거나 눌려서 멍이 든 상태로 판매되는 일이 많아서 전국 매장에서 고객 컴플레인이 동시 다발적으로 발생하고 있었다. 당시만 해도 딸기를 큰 양동이에 담아 매장에 내놓으면 고객들이 직접 비닐 봉투에 골라 담던 시절이었다. 구매팀은 다음과 같이 문제를 명확화 했다.

'고객 컴플레인 제거를 위해 불량 딸기를 없애는 방법은 무엇일까?'

아래 사항들은 2일차에 현장을 확인해서 입증해 온 팩트들이다.

1. 우리 회사는 주로 육보 딸기를 취급한다
2. 모든 딸기는 회색 곰팡이병 보균(이는 사람의 '부스럼'에 해당)
3. 회색 곰팡이는 상온에서 6~9시간 이후 발생(20도 이상 시 더 짧음)
4. 냉장 상태에서는 2~3일까지 회색 곰팡이가 발생하지 않음

　　　　　　　　　　　　　　　　　　　완벽한 보고서 쓰는 법

5.　딸기의 눌린 상처에서 회색 곰팡이 발생 가능성 높음

6.　수확 시 일일이 손으로 따지만 딸기의 상처를 100% 억제하기는 어려움

7.　용기 밑바닥의 깔판은 딸기 상처 억제에 도움

8.　손님이 집어 들었다가 내려놓은 딸기는 눌림 현상과 회색 곰팡이 발생 가능성이 높음

9.　적재 시에는 종이박스가 눌림 현상을 방지함

10.　산지 출하 시에는 팔레트 상태, 매장 입하 시에는 대차 상태, 벌크는 1.2킬로그램과 4킬로그램 스티로폼 박스

11.　예냉 딸기 컴플레인은 거의 없다. 컴플레인은 주로 일반 딸기에서 발생

12.　매장의 평균 온도는 18도~30도를 유지

13.　예냉 딸기는 출하부터 입하 시까지 냉장 상태를 계속 유지한다

14.　딸기는 해 뜨기 전에 딴다

15.　매장에서는 딸기를 냉장고에 보관하다가 판매할 만큼만 진열하기 위해 노력한다

16.　일반 딸기의 회전율이 떨어지면 회색 곰팡이가 발생한다

　2일차 저녁 식사 후, 나는 검증한 팩트들을 메시지로 정리하는 방법을 설명해주었다. 바로 So What/Why So를 활용해 논리적으로 추론하는 방법이다. 추론이란 '알려져 있는 사실을 바탕으로 알려져 있지 않은 사실을 알아내는 것'을 말하며, So What/Why So는 추론을 실시할 때 논리의 비약을 방지하는 도구다. 먼저 So What/Why So가 무엇을 뜻하는지부터 알아보자.

So What은 "그러한 사실들로부터 무엇을 알아낼 수 있지?" 하고 스스로 자문자답하며 메시지를 도출하는 과정이다. 지금 현재 손에 쥔 정보, 즉 팩트로부터 핵심 요소를 추출하는 작업이다. 팩트로부터 메시지를 도출하고 발견하는 과정이기 때문에 '팩트파인딩(Fact-finding)'이라고도 부른다.

이에 비해 Why So는 "왜 그렇다고 말할 수 있지?" "왜 그런 결론을 도출할 수 있지?" "왜 그런 메시지를 도출할 수 있지?" 하고 자문자답하면서 도출한 메시지의 이유나 근거를 캐는 과정이다. So What으로 도출한 메시지를 검증하는 작업인 셈이다. 즉, So What을 거쳐 도출한 메시지에 대해 "Why So?" 하고 질문을 던지면, 현재 손에 쥔 팩트들로 이유나 근거를 명확하게 설명할 수 있어야 한다.

〈그림 2-8〉은 "X, Y, Z라는 팩트로부터 무엇을 알아낼 수 있지?" 하고 So What을 실시하여 W라는 메시지를 도출한 과정을 피라미드 구조

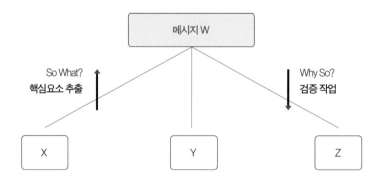

| 그림 2-8 | So What / Why So의 피라미드 구조

완벽한 보고서 쓰는 법

로 나타낸 것이다. 이 때 논리의 비약을 없애려면 어떻게 해야 할까? W라는 메시지에 대해 "왜 그런 메시지를 도출할 수 있지?", 즉 "Why So?" 하고 질문을 던지면 X, Y, Z가 답변이 되어야 한다. 이런 관계를 구축해야 논리의 비약이 사라지고, 상사로부터 "그건 네 생각이고."라는 소리를 듣지 않을 수 있다. 한 마디로 So What은 팩트로부터 핵심을 추출하는 과정이고, Why So는 검증 작업이다.

딸기 구매팀은 곧바로 So What/Why So를 이용하여 조사해 온 팩트들을 정리하기 시작했다.

1, 2, 3 → 가 : 딸기의 회색 곰팡이는 자연스러운 현상이다

5, 8 → 나 : 눌린 상처를 줄이면 회색 곰팡이도 줄어든다

6, 7, 9, 10 → 다 : 출하/유통과정에서 눌린 상처가 많이 발생한다

11, 12 → 라 : 예냉 딸기는 회색 곰팡이 발생이 극히 적다

4, 13, 14, 15, 16 → 마 : 냉장 상태로 딸기를 보관하면 회색 곰팡이의 발생을 억제할 수 있다

다른 팀을 코치하다가 딸기 구매팀 쪽으로 왔더니, 다 끝냈다며 분석한 자료를 자신 있게 보여주었다.

"음, 다섯 가지 메시지로 잘 정리했네요. 지금 실시한 작업을 1차 팩트 파인딩이라고 합니다. 다섯 가지나 되면 상사에게 보고할 때 좀 많지 않겠어요? 다시 2차 팩트 파인딩을 해보세요. 얼핏 보니 세 가지로 정리

할 수 있을 것 같은데요? 이 때도 마찬가지로 So What/Why So를 잊으면 안 됩니다."

나, 다 → A : 수확·포장·유통·판매 단계에서 눌린 상처를 없애야 한다.
가, 마 → B : 냉장 상태를 유지해야 회색 곰팡이의 발생을 억제할 수 있다.
라 → C : 예냉 딸기를 취급해야 한다.

"어때요? 세 가지로 정리하니까 훨씬 보기 좋죠? 기억하기도 좋고. 자 그럼 3차 팩트 파인딩을 해서 한 마디로 결론, 즉 과제가 구체적으로 무엇인지 명확화 해볼까요?"

"아, 네. 그렇다면 딸기를 냉장 상태로 유지하면서 수확부터 판매단계까지 눌린 상처를 없앨 수 있는 방법은 무엇일까?' 그걸 찾아보면 되지 않을까요?"

"제가 딸기에 대해 잘은 모르지만, 아마도 맞을 거예요. 처음에 제기한 문제보다 훨씬 더 명확해졌죠? 팩트로 전부 입증했으니 내일 오전에 해결책만 찾으면 상무님을 설득하기가 훨씬 수월하겠네요. 수고하셨어요. 이제 숙소로 들어가 쉬세요."

딸기 구매팀이 추론한 과정을 그림으로 표현하면 〈그림 2-9〉와 같은 피라미드 구조가 된다. "A, B, C로부터 무엇을 알아낼 수 있지?" 하고 물어보면, "결론 X다."라는 답변이 나와야 한다. 결론 X에 대해 "왜 이런 결론을 도출할 수 있지?" 하고 물어보면 "바로 A, B, C 때문에 그렇습니

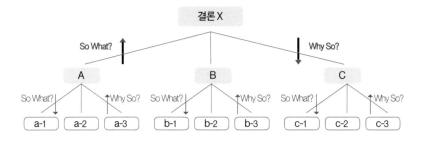

| 그림 2-9 | 딸기 구매팀의 추론과 피라미드 구조

다."라는 답변이 나와야 한다.

아래쪽도 마찬가지다. "a-1, a-2, a-3으로부터 무엇을 알아낼 수 있지?" 하고 물어보면, "A라는 메시지입니다."라고 답할 수 있어야 하고, 메시지 A에 대해 "왜 이런 메시지를 도출할 수 있지?" 하고 물어보면, "a-1, a-2, a-3라는 팩트 때문입니다."라고 답할 수 있어야 한다. 이것이 바로 피라미드 구조의 세로의 법칙, 즉 논리의 비약을 없애는 So What/Why So다. 딸기 구매팀은 해결책을 찾았다. 현재 마트에서 딸기를 어떻게 판매하고 있는지 누구나 알고 있지 않은가?

So What/Why So를 활용해 추론과 검증을 실시할 때 놓치지 말아야 할 중요한 요소가 있다. So What/Why So를 아무리 잘해도 피라미드 구조 맨 밑에 있는 팩트의 진실성을 확보하지 못하면 사상누각(沙上樓閣)이 된다는 점이다. 팩트의 진실성을 확보하는 일이 얼마나 중요한지는 1부에서 이미 설명했다. 팩트의 진실성을 확보하지 못하면 분석 자체가 의미 없을 뿐만 아니라, 잘못된 정보 때문에 얼토당토않은 메시지를 도출할 수 있다.

가끔 연예 관련 기사를 보면, 진실을 확인하지도 않은 채 '카더라 통신'이 나오는 경우가 있는데, 이런 기사들이 여기에 해당할 것이다. 다시 한 번 강조한다. 치명적인 오판을 피하고 싶다면 피라미드 구조의 가장 아래에 있는 '팩트의 진실성'을 확보해야 한다.

또 한가지 생각해야 할 점이 있다. 앞의 딸기 구매팀을 코칭할 때, 나는 결론을 내리기 전에 최종 근거를 세 가지로 정리하라고 했다. 왜 하필 세 가지일까?

'3'이라는 숫자에 가장 먼저 눈을 뜬 것 역시 맥킨지다. 맥킨지의 컨설턴트들은 어떤 주제건 상관없이 분석할 때 가급적 세 가지로 정리한다. 특히 '결론에 대한 근거'나 '왜 그런 결론을 내릴 수밖에 없었는지'에 대해 로직을 짤 때는 거의 틀림없이 세 가지로 정리한다. 3은 신비한 숫자다. 많지도 않고 적지도 않다. 상사들에게 세 가지로 설명하면, 다들 이해하기 쉽다면서 좋아했다. 다섯 가지, 여섯 가지를 보고해 봐야 이해도 못하고 기억도 못하는 눈치였다.

3이라는 숫자는 우리 민족의 숫자나 다름없다. 천제(天帝)인 환인의 아들 환웅은 천부인 3개를 가지고 풍백(風伯), 우사(雨師), 운사(雲師)를 거느리고 3천의 무리를 이끌고 이 땅에 내려왔다. 우리는 삼천리 금수강산에 살고 있다.

실무에서 사용하는 비즈니스 로직도 대부분 세 가지로 구성되어 있다. '현상 - 문제점 - 대책' '대전제 - 소전제 - 결론' '사실 - 판단기준 - 판단내용' '문제 - 원인 - 해결책' 'As is - To be - How to' 등이 실무에서 많이 사용하는 로직이다. 나는 3이라는 숫자를 이렇게 정의한다. '단순한 것의 마지막이면서, 복잡한 것의 시작인 숫자'

마지막으로 한 가지만 더 강조하자. 실무자가 So What을 실시하여 메시지를 도출한 뒤에 반드시 Why So로 검증해야 하는 이유가 무엇일까? So What은 실무자의 사고방식이고, Why So는 경영자의 사고방식이기 때문이다. 실무자는 주로 So What을 사용하지만, 경영자는 전적으로 Why So를 사용한다. 실무자와 경영자는 서로 사용하는 사고방식이 다르다. 이런 이유 때문에 실무자들이 보고할 때 경영자의 질문에 쩔쩔 매는 것이다.

현장에서 일을 하다 보면 수많은 팩트와 데이터를 수집하게 된다. 이렇게 수집한 팩트들을 분석하다 보면 엄청난 시간과 노력이 필요하다. 때로는 머리에 쥐가 날만큼 힘들다. 지칠 대로 지친 나머지 So What을 통해 나온 메시지를 Why So로 검증하지 않고 보고서를 작성하는 경우가 종종 있다. 그러나 경영자들은 실무자가 얼마나 시간과 노력을 들여서 분석했는지에 전혀 관심이 없다.

실무자의 보고서를 읽을 때, 상사는 언제나 Why So라는 관점에서 검토한다. "이건 왜 이렇다고 말할 수밖에 없지?" "왜 이런 결론이 나왔지?" "근거가 뭐지?" 비수같은 질문들을 쏟아붓는다. 이 때 Why So로 검증작업을 실시한 실무자라면 어렵지 않게 답변할 수 있다.

"아, 그건 근거 A, 근거 B, 근거 C 때문에 그렇습니다."

만약 실무자가 Why So로 검증하지 않고 보고하면 어떻게 될까?

"무뇌인간(無腦人間)."

내가 들은 답은 네 글자뿐이었다.

비즈니스 논리력을
강화하라

 지금까지 피라미드 구조의 가로의 법칙인 MECE와 세로의 법칙인 So What/Why So에 대해 알아보았다. 비즈니스 로직을 어떻게 피라미드 구조로 만드는지에 대해 설명하기 전에 논리력을 강화하는 방법부터 먼저 살펴보자. 그래야 비즈니스 로직을 완성하고 피라미드 구조를 만드는 방법을 정확히 이해할 수 있고, 무엇보다 한 장으로 요약하기가 수월해지기 때문이다. 과거와 현재를 막론하고 논리력을 강화하는 방법은 세 가지밖에 없다.

 첫째, 용어의 정의

 둘째, 분류

 셋째, 관계의 인식

이 글을 쓰는 동안, 나는 보고서 작성과 관련한 중요 용어가 나올 때마다 반드시 그 정의부터 내리고 내용을 전개했다. 팩트와 의견, 목적과 목표는 무슨 뜻이고 서로 어떻게 다른지, 추리와 추론은 또 어떻게 다른지도 이야기했다. 왜 용어의 정의부터 내리고 내용을 전개해야 할까? 독자들에게 묻고 싶다.

"용어의 정의부터 내리고 내용을 전개하니까 덜 혼란스럽고, 좀 더 이해하기 쉽지 않았나요?"

다시 한 번 강조하지만, 논리력을 키우는 데 있어서 '용어의 정의'만큼 중요한 것은 없다.

"말에는 공통성은 있어도 동일성은 없다."

비즈니스맨이라면 이 문장을 절대로 잊지 말아야 한다. 말에는 공통성은 있어도 동일성은 없다는 건 도대체 무슨 뜻일까? 만약 내가 "돼지."라고 말했다고 치자. 이 말을 들은 사람들은 저마다 서로 다른 이미지를 떠올릴 것이다.

이름이 '뿡뿡이'인 미니피그를 키우는 사람이라면 머릿속에 뿡뿡이가 떠오를 것이다. 제주도 여행을 막 마치고 온 사람이라면 '흑돼지'가 떠오를지 모른다. 삼겹살과 소주를 떠올리며 입맛을 다시는 사람도 있을 수 있다. '매운 족발'이 생각나는 사람도 있을 테고, '보쌈 정식'을 생각하며 허기를 달래는 사람도 있을 것이다. 돼지를 사육하는 사람은 농장의 돼지 한 마리 한 마리가 자산처럼 여겨질 테고, 농림축산식품부에 근무하는 사람이라면 '아프리카 돼지열병'이 떠오를 수 있다. 최근 대한민국을 방문하는 외국인들 사이에서는 삼겹살 상추쌈이 불고기의 인기를 추월하고 있다고 한다.

미니피그, 뿡뿡이, 흑돼지, 삼겹살, 소주, 매운 족발, 농장 자산, 아프리카 돼지열병, 상추쌈. 이 말들의 공통성은 무엇일까? 바로 '돼지'다. 그러나 이 말들이 동일하지는 않다.

사람과 사람이 서로 커뮤니케이션할 때 상대방의 말을 어떻게 이해할까? '돼지'처럼 간단한 말도 각자 '자기 자신의 지식과 경험'을 바탕으로 제각각 다르게 이해한다. 따라서 자신과 상대방이 사용하는 용어의 정의가 서로 다르면 의사를 논리적으로 전달할 수 없다.

TV토론을 보면 전문가들끼리 서로 의견이 달라서 싸우고 갈등하는 경우가 비일비재하다. 그런 토론을 '말에는 공통성은 있어도 동일성은 없다'라는 관점으로 차분히 관찰해 보면, 전문가들끼리 의견이 대립되어 충돌하는 경우보다 주제와 관련된 용어의 정의가 달라서 다투는 경우가 많다는 사실을 발견할 수 있을 것이다.

근래 들어 전 세계의 이목이 한반도에 집중되고 있다. 미국과 북한의 '비핵화 프로그램' 협상 때문이다. 그러나 '비핵화'라는 용어에 대한 정의가 미국과 북한이 서로 다르기 때문에, 원론은 찬성할지 몰라도 각론의 협상이 쉽지 않을 것이다. 나와 상대방이 용어에 대해 서로 다른 생각을 가지고 있으면 아무리 대화를 나눠도 공염불일 뿐이다. 내가 생각하는 바를 상대방에게 제대로, 무엇보다 논리적으로 전달하기 위해서는 용어의 정의를 내리는 일이 대단히 중요하다. 용어의 정의, 이것이 논리의 출발점이다.

20세기를 대표하는 미국의 문명사학자 윌 듀란트(Will Durant)는 자신의 저서이자 세계적인 베스트셀러인 『철학이야기(The Story of philosophy)』에서 용어의 정의에 대해 이렇게 적었다.

"중요한 용어를 모두 엄격하게 정의하고 음미하는 것이 논리학의 알파이자 오메가이며, 논리학의 심장이고 영혼이다. 이것은 매우 어려운 일이고 가혹한 시험이지만, 일단 치르고 나면 일이 반은 끝난 셈이다."

논리력을 강화하는 두 번째 방법은 애매모호하고 복잡한 요소들을 명확하게 '분류'하는 것이다. 국어사전에서 '분류'를 찾아보면 '종류에 따라서 가름 또는 나눔'이라고 되어 있다. 분류에 대해서는 이미 학습했다. 바로 MECE다. 대한민국 국민을 분류해 보자. 가장 쉽게 분류하면, 〈그림 2-10〉과 같이 남성과 여성으로 나눌 수 있다.

남성과 여성 각각의 사항은 서로 중복이 없다. 또 남성과 여성 각각의 사항을 전체적으로 모아놓으면 대한민국 국민에서 누락이 없다. 누가 보아도 깔끔하고 MECE하다.

그런데 잠깐, 생각해 보자. 남성에서 여성으로 성전환 수술을 한 사람

| 그림 2-10 | 대한민국 국민의 분류 1차

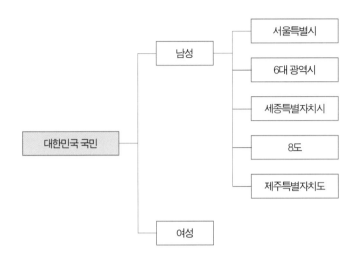

| **그림 2-11** | 대한민국 국민의 분류 2차

은 어떻게 분류해야 할까? 남성일까? 여성일까? 여성이라고 주장하는 사람은 그 근거가 주민등록번호가 '2'로 시작하기 때문이라고 할 테고, 남성이라고 주장하는 사람은 여전히 성염색체 'XY'는 바뀌지 않았기 때문이라고 할 것이다. 이런 논란을 잠재우기 위해 분류할 때는 '일정한 기준'이 있어야 한다. 대한민국 국민을 분류할 때의 기준이 '주민등록 법'이라면 여성에 속할 테고, 기준이 '성염색체'라면 남성에 속할 것이다. 분류란 일정한 기준에 따라 나누는 것을 말한다.

남성을 다시 분류해 보자. 이번에는 '지역'을 기준으로 나눠보면 어떨까? 그러면 〈그림 2-11〉처럼 되지 않을까?

서울특별시, 6대 광역시, 세종특별자치시, 8도, 제주특별자치도에 주소지를 두고 거주하는 남성들은 서로 중복이 없다. 그러나 각각의 주소지에 거주하는 남성들을 전체적으로 모아 놓고 보면 '대한민국 국민 중 남성'에 누락이 있다. 왜 그럴까? 해외동포 등이 있기 때문이다. 남성을 지역이라는 기준으로 MECE하게 분류하려면, 먼저 국내와 국외로 나누어야 하지 않을까?

모 은행의 지점에서 고객의 소리를 듣기 위해 창구 앞에 의견함을 설치하였다. 그 뒤 한 달 동안 아래와 같은 의견이 수집되었다. 이제 이 의견들을 어떻게 분류해야 할까?

1. 캐릭터를 이용해 상품을 설명하면 쉽게 이해할 수 있을 것 같다.
2. 지점 내의 소파가 너무 낡고 지저분하다.
3. 안내가 친절하고 상냥해서 기분이 좋다.
4. 창구가 적어서 상담하러 가면 너무 오래 기다린다.
5. 주차장이 넓고 안내요원이 있어서 좋다.
6. 문의할 때마다 담당자가 자리를 비워서 잘 모르겠다고 한다.
7. 지점 안에 구비되어 있는 잡지들은 대부분 날짜가 지난 것들이다.
8. 전화를 걸면 오래 기다려야 한다.
9. ATM 대기시간이 짧아서 오래 기다리지 않는다.
10. 서류에 누락이 있어서 한 번에 일을 볼 수 없다.

기업에 출강하여 워크샵을 실시해 보면 대부분의 교육생들이 만족/불만족, 칭찬/불만, 하드웨어/소프트웨어, 인적/물적 등으로 분류한다.

완벽한 보고서 쓰는 법

이분법이다. 이분법처럼 명확한 것은 없다. 위의 10가지 의견 역시 누구든지 금세 이분법으로 분류할 수 있다. 이분법은 남녀노소 누구나 쉽게 사용할 수 있다. 문제는 이분법으로 분류하면 빠르고 진부한 해결책밖에 나오지 않는다는 점이다.

비즈니스 현장에서 문제를 새로운 관점으로 해결하고 싶다면 3이라는 숫자를 이용하자. 세 가지로 분류하면 지금까지 보지 못한 새로운 해결책을 모색할 수 있다. 〈그림 2-12〉는 강의에 참가했던 팀이 세 가지로 분류한 것이다. 누가 보아도 명쾌하고 다음 단계의 일을 어떻게 풀어나갈지도 눈에 보인다. 칭찬은 '전파가능성', 제안/건의는 '기간', 클레임은 '해결 주체'라는 기준으로 전개하게 되지 않을까?

논리력을 강화하는 세 번째 방법은 '관계의 인식'이다. 미국 국가무역위원회 위원장이자 캘리포니아 어바인(UCI)에서 교수로 재직한 피터 나바로는 『브라질에 비가 내리면 스타벅스 주식을 사라』라는 책을 저술하였다. 도대체 브라질의 비와 스타벅스 주식이 무슨 관계가 있을까?

| 그림 2-12 | 비즈니스 문제의 분류

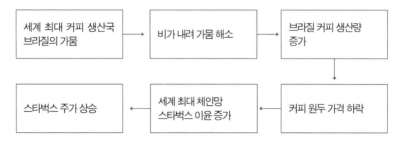

| 그림 2-13 | 관계의 인식

　　'세계 최대 커피 생산국인 브라질에 비가 내려 심각했던 가뭄이 해소 되었다'는 뉴스를 접한 한 투자자는 곧바로 스타벅스 주식을 매입했다 고 한다. 비가 와서 브라질의 커피 생산량이 증가하면 커피 원두 가격이 하락한다. 원두 가격이 하락하면 세계 최대 커피 체인망을 구축하고 있 는 스타벅스의 이윤이 올라갈 테고 덩달아 주가도 상승할 것이다. 이 같 은 생각이 들어맞으면서 그 투자자는 큰 이익을 챙길 수 있었다고 피터 나바로 교수는 설명한다.

　　논리는 한 마디로 '순서'라고 했다. '브라질의 가뭄'부터 '스타벅스 주 가 상승'까지 생각의 순서가 논리정연하지 않은가?

　　현장에서 일하다 보면 수많은 팩트들을 접하게 된다. 그리고 그 팩 트들을 'So What?' 하여 수없이 많은 메시지를 만들어낸다. 논리적으 로 구성한다는 건 '팩트들 사이' '메시지들 사이' '메시지와 팩트들 사이' 의 관계를 의미 있게 연결하는 일이다. 이것과 저것은 어떤 관계인가?

완벽한 보고서 쓰는 법

인과관계인가? 상관관계인가? 전략과 전술인가? 목적과 수단인가? '문제-원인-해결책'의 관계인가? 경제학의 '나비효과'까지는 아니더라도, 비즈니스 현장에서 벌어지는 현안들을 의미 있게 연결하는 일 역시 '관계의 인식'이다.

논리력을 강화하는 세 가지 방법 중 '용어의 정의'와 '분류'에 대해서는 충분히 설명했다. 지금부터는 '관계의 인식'을 활용하여 비즈니스 로직을 어떻게 짜는지에 대해 설명하고자 한다. 미리 결론부터 소개하면, 실무자는 비즈니스 로직을 짤 때 아래의 세 가지 관계만 명확히 하면 된다. 우리는 복잡한 로직을 규명해야 하는 논리학자가 아니다.

1. 주장과 근거 또는 이유와의 관계
2. 주장과 방법과의 관계
3. 주장과 주장과의 관계

피라미드 구조를
실무에 적용하라

　피라미드 구조는 '결론을 기점으로 로직을 구성하고 근거를 증명'하는 도구다. 그 기본 구조부터 살펴보자. 먼저 〈그림 2-14〉와 같이 내가 해결해야 할 과제를 맨 위에 적는다. 과제 바로 아래에는 '과제에 대한 답변' 즉, 결론을 적는다.

　결론의 바로 아래 라인에는 키메시지(Key Message)를 적는데, 여기를 키라인(Key Line)이라고 한다. 맨 아래에는 키라인의 키메시지를 뒷받침하는 서포트라인(Support Line)이 위치한다. 기본 구조는 단순하다. 과제와 그 답변인 결론, 키라인, 서포트라인이다.

　피라미드 구조로 로직을 구성할 때는 가로의 법칙과 세로의 법칙을 절대 잊지 말아야 한다. 피라미드 구조에서 키라인과 서포트라인은 항상 좌우로 MECE해야 하고, 위아래로는 So What/Why So가 성립되어

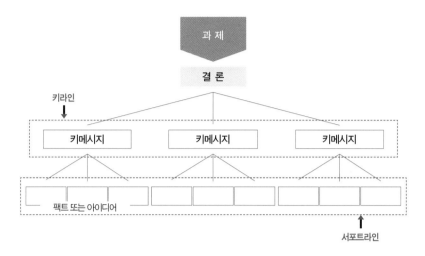

과 제

결 론

키라인

키메시지　　키메시지　　키메시지

팩트 또는 아이디어

서포트라인

| 그림 2-14 | 피라미드 구조의 기본 구성

야 한다. 피라미드 구조로 어떤 로직을 짜든, 이 두 법칙을 절대 잊지 말고 항상 점검하자. 로직을 짜는 일에 온 신경을 집중한 나머지 두 법칙을 깜빡하는 경우가 종종 있는데, 앞에서 강조했듯이 '칙(則)'을 지키지 않으면 문제가 발생한다.

1부에서 고 이병철 회장이 '뭐꼬?' '와?' '우짜꼬?'라는 세 가지 질문으로 인재를 육성하고 삼성그룹을 성장시켰다는 이야기를 했다. 상사에게 자신의 메시지를 전달할 때도 이 세 가지 질문의 답을 찾아야 완벽한 메시지를 전달할 수 있다.

바바라 민토는 이 세 가지, 즉 'What' 'Why' 'How'를 이용하여 피라미드의 로직을 구성하는 방법을 제시했다. 〈그림 2-15〉를 보면 결론이

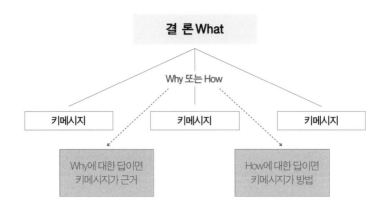

결 론 What

Why 또는 How

키메시지　키메시지　키메시지

Why에 대한 답이면
키메시지가 근거

How에 대한 답이면
키메시지가 방법

| 그림 2-15 | 피라미드 구조와 What · Why · How

What이다. 다음은 키라인인데, 이 때부터 질문을 던져야 한다. 결론에
대한 키라인의 메시지는 Why나 How 둘 중 하나다. 결론에 대해 Why
를 물으면 키메시지가 근거가 되고, 결론에 대해 How를 물으면 키메시
지가 방법, 즉 결론을 해결하기 위한 아이디어가 된다.

〈그림 2-16〉을 보자. 피라미드 구조의 결론에 대한 키메시지는 각각
Why에 대한 답일까, How에 대한 답일까?

결론에 대한 키메시지 1, 2, 3은 전부 Why에 대한 답변, 즉 결론의 근
거가 된다. 키라인은 X은행의 노후 개인연금 상품에 왜 가입해야 하는
지 그 근거를 설명하고 있다. 그렇다면 〈그림 2-17〉의 키메시지는 결론
의 Why에 대한 답일까 How에 대한 답일까?

그림 〈2-17〉에서 키메시지 1, 2, 3은 결론에 대한 How의 답이다. 키라

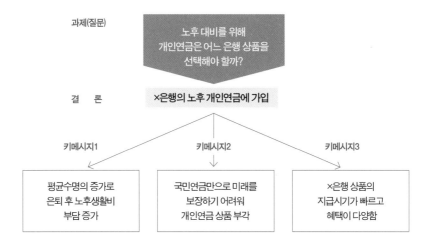

| 그림 2-16 | 피라미드 구조와 키메시지 1

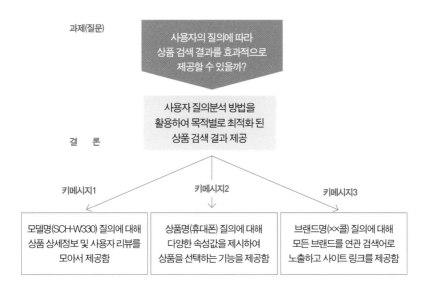

| 그림 2-17 | 피라미드 구조와 키메시지 2

인은 결론, 즉 '사용자에게 목적별로 최적화 된 상품 검색 결과를 제공' 할 수 있는 방법들을 세 가지로 제안하고 있다. 이와 같이 결론과 키라인은 키라인의 키메시지가 결론에 대한 Why의 답인지 How의 답인지 그 관계를 명확히 하면 된다.

그런데 Why와 How에 대해 아무리 질문을 던져도 답을 찾지 못할 때가 있다. 왜 답을 찾지 못하는 걸까? 이유는 한 가지밖에 없다. 아직 그 과제를 제대로 풀지 못했기 때문이다.

피라미드 구조는 로직을 짜는 일도 간단하지만, 과제를 제대로 해결했는지 스스로 검증하기도 수월하다. 단순하면서 강력한 사고의 도구, 그것이 바로 피라미드 구조다.

이제 키라인과 서포트라인의 관계에 대해 알아보자. 키라인과 서포트라인은 어떤 관계일까? 키라인의 키메시지 1, 2, 3은 각각 What이 된다. 서포트라인은 키메시지 1, 2, 3에 대한 Why나 How의 답이다. Why에 대한 답이라면 서포트라인에 키메시지를 뒷받침할 수 있는 근거, 즉 팩트들을 적는다. How에 대한 답이라면 서포트라인에 키메시지를 해결할 수 있는 방법들을 적는다. 이 때 서포트라인의 팩트들 또는 방법들은 서로 MECE해야 한다. 키메시지와 서포트라인 역시 논리의 비약이 없도록 So What/Why So가 성립해야 한다.

결론과 키라인의 관계와 마찬가지로 키메시지에 대해 Why인지 How인지 답을 찾지 못했다면, 아직 자신이 그 과제를 해결하지 못한 상태라고 생각하면 된다. What에 대해 Why 또는 How라는 질문을 던졌을 때

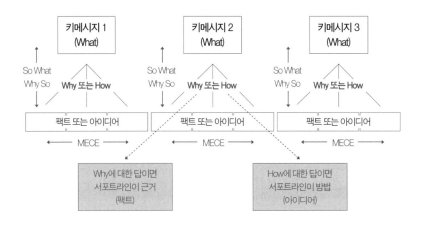

| 그림 2-18 | 키라인과 서포트라인의 관계

의 답을 찾는 일이 얼마나 중요한지는 3부에서 또 한 번 다른 관점으로 설명하겠다. 〈그림 2-18〉을 보며 키라인과 서포트라인의 관계를 다시 한 번 생각해 보기 바란다.

앞에서 검토했던 과제 '사용자의 질의에 따라 효과적인 상품 검색 결과를 제공할 수 있을까?'의 키라인과 서포트라인의 관계를 살펴보자. Why일까 How일까?

〈그림 2-19〉의 피라미드 구조는 키라인에 대한 서포트라인이 모두 How에 대한 답이다. 이 답들은 키라인의 방법들을 보다 구체적인 아이디어로 제안하고 있다. 이처럼 서포트라인이 모두 How에 대한 답으로 끝날 경우에는 실무자가 하나의 라인, 즉 '서브 서포트라인'을 더 준비해야 한다. 이를 통해 서포트라인의 아이디어들 각각에 대해 왜 실행해

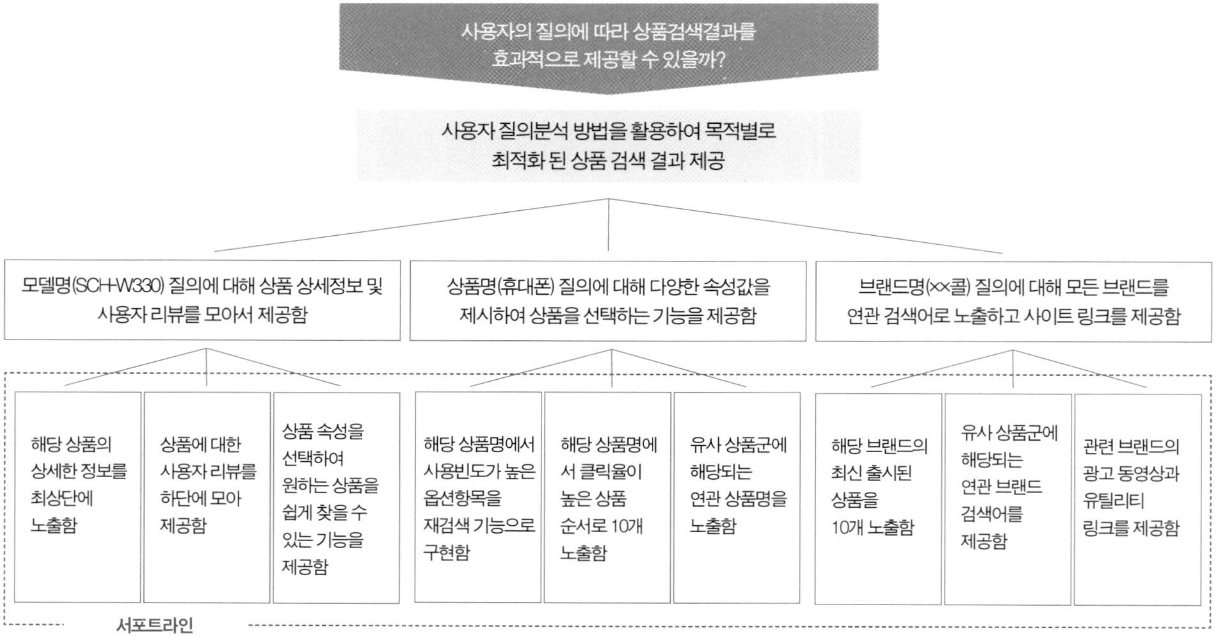

사용자의 질의에 따라 상품검색결과를 효과적으로 제공할 수 있을까?

사용자 질의로부터 방법을 활용하여 목적별로 최적화된 상품 검색 결과 제공

모델명(SCH+W330) 질의에 대해 상품 상세정보 및 사용자 리뷰를 모아서 제공함
- 해당 상품의 상세한 정보를 최신으로 노출함
- 상품에 대한 사용자 리뷰를 하단에 모아 제공함
- 상품 속성을 선택하여 원하는 상품을 쉽게 찾을 수 있는 기능을 제공함

상품명(휴대폰) 질의에 대해 다양한 속성값을 제시하여 상품을 선택하는 기능을 제공함
- 해당 상품명에서 사용빈도가 높은 옵션항목을 재검색 기능으로 구현함
- 해당 상품명이 서 클릭률이 높은 상품 순서로 10개 노출함
- 유사 상품군에 해당되는 연관 상품명을 노출함

브랜드명(xx폰) 질의에 대해 모든 브랜드를 연관 검색어로 노출하고 사이트 링크를 제공함
- 해당 브랜드의 최신 출시된 상품을 10개 노출함
- 유사 상품군에 해당되는 연관 브랜드를 검색어를 제공함
- 관련 브랜드의 광고 동영상과 유틸리티 링크를 제공함

키라인

서포트라인

그림 2-19 키라인과 서포트라인의 구성

야 하는지, 즉 Why에 대한 답을 찾아야 한다. 그래야 각각의 아이디어들, 즉 실무자의 제안을 상사들이 받아들이지 않을까?

피라미드 구조로 로직을 짤 때는 맨 위부터 아래로 생각의 순서를 옮겨가면 된다. 가장 먼저 할 일은 과제를 명확화 하고 결론을 내리는 일이다. 이 때 과제는 반드시 질문의 형식을 취해야 한다. '이번 과제는 고객 컴플레인을 제거하기 위해 불량딸기를 없애는 것이다.' 이와 같은 평서문 형태의 문장은 과제로 삼기에는 별로 좋지 않다. 무엇을 해야 하는지 그 내용이 불분명하기 때문이다. 그러나 이 문장을 '고객 컴플레인 제거를 위해 불량딸기를 없애는 방법은 무엇일까?'라고 질문으로 표현하면 무엇에 대해 생각해야 하는지가 명확해진다. 질문의 형식을 취하면 구체적으로 생각해야 할 과제가 분명해지기 때문에 이후의 생각을 풀어가기도 수월해진다.

과제를 질문으로 바꾼 뒤에는 결론, 즉 과제에 대한 답변을 적는다. 여기서부터 피라미드 구조가 본격적으로 시작된다.

"한 마디로 결론이 뭔데?"

상사는 실무자가 보고하기 전까지 결론을 전혀 모른다. 그러니 당연히 실무자에게 질문, 즉 What에 대해 물어볼 수밖에 없다. 그런 이유로 피라미드 구조 최상위의 결론을 What으로 삼는다. 그런 다음 Why와 How의 답을 찾아가면서 키라인과 서포트라인의 관계를 완성해나간다. 피라미드 구조의 가로의 법칙 MECE와 세로의 법칙 So What/Why So를 즐기면서 말이다.

피라미드는 세계 7대 불가사의(不可思議) 중 하나다. 불가사의란 사람의 생각으로는 미루어 헤아릴 수 없다는 뜻이다. 피라미드 구조를 자기 것으로 소화하면, 불가사의하게만 여겨지던 '자료의 요약'과 '보고서 작성'도 그리 어렵지만은 않을 것이다.

완벽한 보고서 쓰는 법

상사와 문제인식이 다를 때는
해설형 패턴으로 대응하라

피라미드 구조로 비즈니스 로직을 구성할 때는 크게 두 가지 패턴을 사용할 수 있다. '해설형 패턴'과 '병렬형 패턴'이다. 먼저, 보고할 때 일반적으로 사용하는 해설형 패턴부터 알아보자.

앞에서 언급했듯이 상사들이 보고를 받을 때 첫 번째로 궁금해 하는 것은 결론이다. 두 번째로 궁금해 하는 것은 논리적인 구성, 즉 왜 이런 결론을 도출할 수밖에 없었는지를 뒷받침하는 로직이다. 그리고 세 번째는 근거 증명이다. 로직을 증명할 수 있는 근거를 팩트로 입증해야 한다. 이 세 가지를 명확히 하기 위해 사용하는 것이 해설형 패턴이다. 더 나아가 상사와 실무자 간 문제 인식이 서로 다르거나 정보가 제대로 공유되지 않았을 때에도 해설형 패턴으로 로직을 짜야 한다.

〈그림 2-20〉은 해설형 패턴의 기본 구조다. 피라미드 구조의 정점에

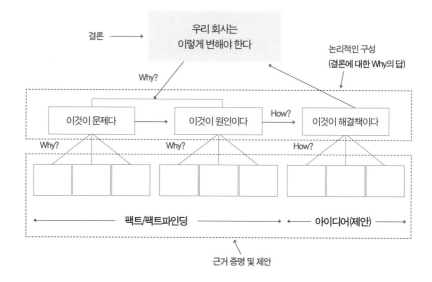

결론

우리 회사는
이렇게 변해야 한다

논리적인 구성
(결론에 대한 Why의 답)

Why?

이것이 문제다　→　이것이 원인이다　How?　이것이 해결책이다

Why?　　　Why?　　　How?

팩트/팩트파인딩　　아이디어(제안)

근거 증명 및 제안

| 그림 2-20 | 해설형 패턴의 기본 구조

'우리 회사는 이렇게 변화해야 한다'라고 결론을 밝히고 있다. 그런 다음 키라인에서 왜 이러한 결론을 도출할 수밖에 없었는지, 결론을 뒷받침하는 로직을 명시한다. 키메시지 1, 2에는 '이것이 문제다' '이것이 원인이다'라는 메시지를 전달하고, 키메시지 3에는 키메시지 1의 문제를 해결하기 위한 해결책을 제시한다. 키라인은 결론을 뒷받침하기 위해 '문제→원인→해결책'이라는 로직으로 구성되어 있다.

키메시지 1, 2의 서포트라인은 Why에 대한 답이다. '이것이 문제다'와 '이것이 원인이다'라는 메시지를 팩트들로 입증하면 된다. 만약 팩트들이 너무 많다면 So What/Why So를 통해 1차 팩트파인딩을 실시한

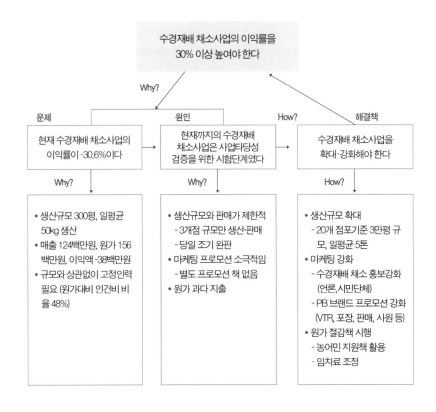

수경재배 채소사업의 이익률을
30% 이상 높여야 한다

Why?

| 문제 | | 원인 | How? | 해결책 |

현재 수경재배 채소사업의
이익률이 -30.6%이다

현재까지의 수경재배
채소사업은 사업타당성
검증을 위한 시험단계였다

수경재배 채소사업을
확대·강화해야 한다

Why?

Why?

How?

- 생산규모 300평, 일평균
  50kg 생산
- 매출 124백만원, 원가 156
  백만원, 이익액 -38백만원
- 규모와 상관없이 고정인력
  필요 (원가대비 인건비 비
  율 48%)

- 생산규모와 판매가 제한적
  - 3개점 규모만 생산·판매
  - 당일 조기 완판
- 마케팅 프로모션 소극적임
  - 별도 프로모션 책 없음
- 원가 과다 지출

- 생산규모 확대
  - 20개 점포기준 3만평 규
    모, 일평균 5톤
- 마케팅 강화
  - 수경재배 채소 홍보강화
    (언론, 시민단체)
  - PB 브랜드 프로모션 강화
    (VTR, 포장, 판매, 사원 등)
- 원가 절감책 시행
  - 농어민 지원책 활용
  - 임차료 조정

| 그림 2-21 | 해설형 패턴의 피라미드 구조 사례

다음, 결과를 입증하면 된다. 키메시지 3의 서포트라인은 How에 대한
답이다. '이것이 해결책이다'라는 메시지를 보다 구체적인 아이디어들
로 제안하면 된다. 이제 실제 사례를 보면서 해설형 패턴을 구체적으로
익혀보자. 〈그림 2-21〉의 피라미드 구조는 모 유통업체에서 적자 상태
인 수경재배 채소사업을 흑자로 돌린 로직이다.

결론은 '수경재배 채소사업의 이익률을 30% 이상 높여야 한다'이다. 이를 뒷받침하는 키라인의 로직은 '문제→원인→해결책'이다. 키메시지 1은 문제, 즉 '현재 수경재배 채소사업의 이익률이 -30.6%'라는 사실을 명확히 하고 있다. 그 아래의 서포트라인 1에는 이를 입증할 수 있는 근거들을 팩트로 제시하고 있다. 키메시지 2는 '현재까지의 수경재배 채소사업은 사업타당성 검증을 위한 시험단계였다'라고 문제의 원인을 밝히고 있으며, 서포트라인 2에는 그 근거들을 팩트로 증명하고 있다. 키메시지 3은 '수경재배 채소사업을 확대·강화해야 한다'라고 문제의 해결책을 한마디로 제시하였으며, 서포트라인 3에는 해결책을 구체적으로 어떻게 실행하겠다는 아이디어들을 제안하였다.

이처럼 결론을 내리고, 키라인에서 Why에 대한 답을 찾아 로직을 구성하고, 서포트라인에서 근거 증명과 실행 가능한 구체적인 제안을 한다. 이것이 해설형 패턴이다.

키메시지 2와 서포트라인 2에 대해서는 설명이 좀 더 필요할 것 같다. 당시 이 문제를 해결한 실무자는 전 담당자와 상사가 이미 5개월, 7개월 전에 퇴사한 상태에서 갑자기 수경재배 채소사업을 담당하게 된 상황이었다. 담당 상사가 새로 부임하면서 적자 상태인 이 사업에 대해 조사를 해보라고 지시를 내린 것이다. 이 때까지 상사와 실무자는 이 사업에 대해 전혀 아는 바가 없었다. 실무자는 실사를 하고 나서야 비로소 이 사업이 타당성을 검증하다가 흐지부지되었다는 사실을 알게 되었다. 실사를 통해 실무자는 '생산규모와 판매가 제한적이었다는 사실' '마케

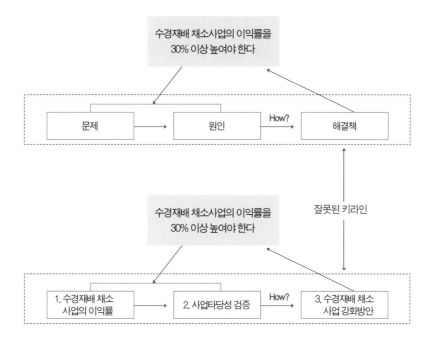

수경재배 채소사업의 이익률을
30% 이상 높여야 한다

| 문제 | → | 원인 | How? | 해결책 |

잘못된 키라인

수경재배 채소사업의 이익률을
30% 이상 높여야 한다

| 1. 수경재배 채소
사업의 이익률 | → | 2. 사업타당성 검증 | How? | 3. 수경재배 채소
사업 강화방안 |

| 그림 2-22 | 잘못된 키라인

팅 프로모션이 3개 점포에서만 이루어졌다는 사실' '규모와 상관없이 고정비가 과다 지출되었다는 사실'을 알게 되었다고 한다. 실무자는 이 세 가지 사실을 So What/Why So하여 키메시지 2를 도출했다고 한다.

현장의 실무자들이 자주 저지르는 실수 한 가지를 소개할까 한다. 키 라인에는 So What/Why So를 실시하여 추출하고 검증한 메시지를 적 어야 한다. 그런데 〈그림 2-22〉와 같이 로직이나 항목을 그대로 적는 실무자들이 있다. 이런 식으로 표현하면 상사가 문제와 원인이 무엇인지, 해결책이 무엇인지 한 눈에 파악할 수 없다. 아마도 짜증이 난 상사는 실무자를 불러서 이렇게 물어볼 것이다.

"그러니까 문제가 뭐야? 한 마디로 얘기해 봐. 수경재배 채소사업의 이익률이 증가하고 있다는 얘기야 뭐야?"

이런 상황이 생기지 않게 하려면 〈그림 2-21〉처럼 키라인에 구체적인 메시지를 적고, '문제-원인-해결책'의 로직은 그 메시지 위에 작은 글씨로 표현해야 한다.

해설형 패턴에서 사용할 수 있는 여러 가지 로직들 중에서 보고서를 작성할 때 꼭 필요한 로직 세 가지에 대해 알아보자.

첫 번째 로직은 '수경재배 채소사업'에서 사용한 '문제-원인-해결책'이고, 두 번째 로직은 '현상-문제점-대책'이다. 이 두 로직은 업종에 관계없이 실무자가 담당하는 일이 잘못되어 갈 때 주로 사용한다. 현장 지도를 하다 보면, 이 로직을 '현상-문제-해결책'으로 섞어서 사용하는 실무자들을 가끔씩 보곤 한다. 이런 로직은 없다. 이런 순서로 보고하면 실무자 자신이나 상사의 머릿속이 매우 혼란스러울 수밖에 없다.

용어의 정의가 정확하지 않으면 논리를 전개할 수 없다. 현상은 '현재 있는 그대로의 상태'를 말한다. 현재 담당하고 있는 일 중에서 무엇이 잘못되어가고 있는지를 사실 그대로 밝히는 것이 현상분석이다. 문제는 '목표와 현상간의 차이(Gap)이며 해결을 요하는 사항'이다. 1부에서 설명했듯이 목표는 '일정 기간 내에 도달 또는 달성해야 할 바람직한 수준'이다. 문제와 문제점을 헷갈려 하는 경우가 가장 많은데, 문제점이란

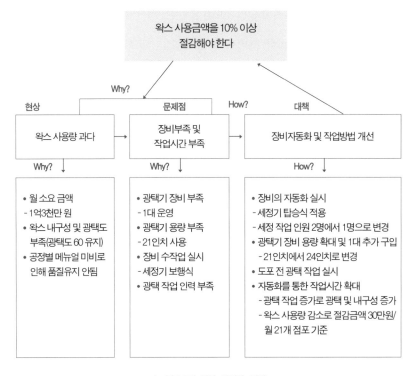

그림 안의 텍스트:

왝스 사용금액을 10% 이상
절감해야 한다

Why?

현상

문제점

How?

대책

왝스 사용량 과다

장비부족 및
작업시간 부족

장비자동화 및 작업방법 개선

Why?

Why?

How?

• 월 소요 금액
  - 1억3천만 원
• 왝스 내구성 및 광택도
  부족(광택도 60 유지)
• 공정별 메뉴얼 미비로
  인해 품질유지 안됨

• 광택기 장비 부족
  - 1대 운영
• 광택기 용량 부족
  - 21인치 사용
• 장비 수작업 실시
  - 세정기 보행식
• 광택 작업 인력 부족

• 장비의 자동화 실시
  - 세정기 탑승식 적용
  - 세정 작업 인원 2명에서 1명으로 변경
• 광택기 장비 용량 확대 및 1대 추가 구입
  - 21인치에서 24인치로 변경
• 도포 전 광택 작업 실시
• 자동화를 통한 작업시간 확대
  - 광택 작업 증가로 광택 및 내구성 증가
  - 왝스 사용량 감소로 절감금액 30만원/
    월 21개 점포 기준

| 그림 2-23 | 현상 - 문제점 - 대책

'문제의 원인 가운데 대책을 수립할 수 있는 것'을 말한다.

　용어의 정의가 명확해졌으면 〈그림 2-23〉을 보자. 이 그림은 한 건설
회사에서 왝스 사용금액을 10% 줄인 로직인데, 바닥 광택 작업과 품질
유지를 담당하는 실무자가 제안한 것이다.

　결론은 '왝스 사용금액을 10% 이상 절감해야 한다'이다. 키라인의 현
상은 '왝스 사용량이 과다하다'는 것이고, 문제점은 '장비 및 작업시간

부족'이다. 대책은 '장비자동화 및 작업방법 개선'이다. 서포트라인에서는 현상과 문제점에 대한 근거를 증명하였고, 대책에 대한 구체적인 아이디어들도 제안하였다.

세 번째 로직은 '대전제-소전제-결론'이다. 아리스토텔레스가 창시하고 체계화 한 연역추리가 그 근간이다. 연역추리는 보편적이고 일반적인 진리로부터 개별적인 것을 설명하는 방법이다. 삼단논법이 대표적이다. 삼단논법은 두 개의 전제와 하나의 결론으로 이루어져 있다.

> (대전제) 사람은 모두 죽는다.
> (소전제) 소크라테스는 사람이다.
> (결론) 고로 소크라테스는 죽는다.

대전제는 보편적이고 일반적인 진리다. 소전제는 개별적인 사안이다. '사람은 모두 죽는다'라는 보편적인 진리로부터 개별적인 사안, 즉 소크라테스의 목숨이 어떻게 되는지를 설명하고 있다.

키메시지 1에서는 보편적이고 일반적인 원리를 밝힌다. 기업을 둘러싼 환경이 이러이러하게 변화하고 있음을 설명하는 것이다. 키메시지 2는 개별, 즉 자사의 현상에 대해 언급한다. 키메시지 3, 즉 결론에서는 '그래서 우리 회사도 이렇게 움직여야 한다'라고 제안한다. 서포트라인은 근거와 구체적인 아이디어들이다.

〈그림 2-24〉는 네이버의 사례인데, 기술의 발달과 융합이 빛의 속도

　　　　　　　　　　　　완벽한 보고서 쓰는 법

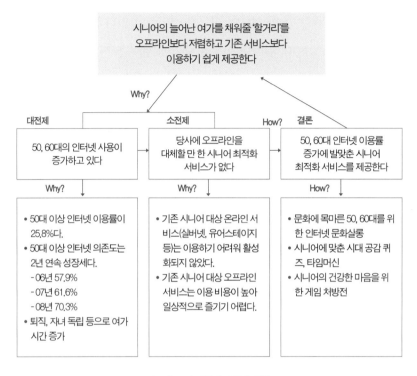

시니어의 늘어난 여가를 채워줄 '할거리'를
오프라인보다 저렴하고 기존 서비스보다
이용하기 쉽게 제공한다

Why?

대전제

소전제

Why?   결론

대전제	소전제	결론
50, 60대의 인터넷 사용이 증가하고 있다	당사에 오프라인을 대체할 만한 시니어 최적화 서비스가 없다	50, 60대 인터넷 이용률 증가에 발맞춘 시니어 최적화 서비스를 제공한다

Why?   Why?   How?

- 50대 이상 인터넷 이용률이 25.8%다.
- 50대 이상 인터넷 의존도는 2년 연속 성장세다.
  - 06년 57.9%
  - 07년 61.6%
  - 08년 70.3%
- 퇴직, 자녀 독립 등으로 여가 시간 증가

- 기존 시니어 대상 온라인 서비스(실버넷, 유어스테이지 등)는 이용하기 어려워 활성화되지 않았다.
- 기존 시니어 대상 오프라인 서비스는 이용 비용이 높아 일상적으로 즐기기 어렵다.

- 문화에 목마른 50, 60대를 위한 인터넷 문화살롱
- 시니어에 맞춘 시대 공감 퀴즈, 타임머신
- 시니어의 건강한 마음을 위한 게임 처방전

| 그림 2-24 | 대전제 - 소전제 - 결론

인 분야이고, 10년도 더 된 내용이니 공개해도 무방할 것 같다. 당시 실
무자는 지금 상당히 높은 위치에 있을 텐데, 이 글을 읽어도 기억조차
못할 것이다.

결론은 '시니어의 늘어난 여가를 채워줄 할거리를 오프라인보다 저
렴하고 기존 서비스보다 이용하기 쉽게 제공한다'이다. 키라인의 대전
제는 '50, 60대의 인터넷 사용이 증가하고 있다'이고, 소전제는 '당사에

오프라인을 대체할 만 한 시니어 최적화 서비스가 없다'는 사실이다. 전제의 결론은 '50, 60대 인터넷 이용률 증가에 발맞춘 시니어 최적화 서비스를 제공한다'이다. 서포트라인은 근거와 아이디어들이다.

지금까지 피라미드 구조로 비즈니스 로직을 짜는 해설형 패턴 세 가지를 설명하였다. 이 세 가지는 보고서를 작성할 때 가장 기본이 되는 로직이다. 실무자의 입장에서는 보고서 작성의 기초가 되는 기술, 즉 기본기라고 할 수 있다. 기본기를 제대로 연마하면 또 다른 로직을 짜는 일도 그리 어렵지만은 않을 것이다.

우리는 경영을 예술이라고 한다. 일 역시 예술이다. 예술은 예(藝)와 술(術)이 결합된 단어다. '술'은 기술을 말한다. 기본기의 기초라 할 수 있는 '술'을 제대로 갖추지 못하면 '예'를 발휘할 수 없다. 기술 없이 '예'만 추구했을 때 나오는 결과물이 바로 '날림'이다. '예'를 추구하기 전에 기술부터 갖춰야 하고, 기술을 갖추기 위해서는 기본기부터 연마해야 한다.

상사와 문제인식이 같을 때는
병렬형 패턴을 활용하라

"일본이 대한민국을 백색국가에서 제외시키고 수출품목을 규제한다."

"고객의 정보가 외부로 유출되었다."

"새로운 비전과 전략을 사내에 전파한다."

이러한 문제들이 있을 때 상사들이 실무자에게 가장 먼저 요구하는 것은 무엇일까?

"빨리, 빨리, 빨리!"

한 마디로 빨리 해결책을 찾으라고 요구할 것이다. 이런 상황에서 해결책을 빨리 찾는 일보다 더 중요한 일이 있을까? 위에 열거한 문제들과 같이 상사와 실무자의 문제인식이 서로 같고 정보 공유가 잘 되어 있을 때는 병렬형 패턴으로 로직을 짠다. 그럼 지금부터 병렬형 패턴으로 비즈니스 로직을 짜는 방법을 알아보자. 〈그림 2-25〉는 병렬형 패턴

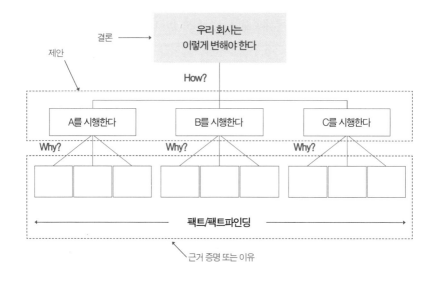

| 그림 2-25 | 병렬형 패턴의 기본구조

의 기본구조다.

피라미드 구조의 정점에 '우리 회사는 이렇게 변해야 한다'라고 결론을 한 마디로 밝힌다. 상사와 실무자 간 문제인식이 서로 같고 정보 공유가 잘 되어 있을 때, 상사는 실무자에게 Why라고 질문을 할까? 아니다. 상사는 바로 How를 묻는다.

키라인에서는 결론에 대한 How의 답, 즉 해결책을 바로 제안한다. 키메시지 1, 2, 3은 각각 "A를 시행해야 한다." "B를 시행해야 한다." "C를 시행해야 한다."이다.

상사의 질문이 이어진다. "왜 A를 시행해야 하지?" "왜 B를 시행해야 하지?" "C는 또 왜 해야 하지?" 상사는 왜 A, B, C를 시행해야 하는지, 그

완벽한 보고서 쓰는 법

변화관리를 위해 조직의 비전을 공유하고
목표 달성 프로세스를 도입한다

How?

| 회사의 새로운 비전 및 전략을 전 임직원 및 영업조직에게 투명하게 공유한다 | 새로운 조직이 빠르게 정착할 수 있도록 본사 및 영업조직 별 목표와 실행방안을 신속히 설정한다 | 조직별 전략 실행 현황에 대한 모니터링 및 지속적인 개선활동을 실시한다 |

Why?

본사 직원들 사이에 회사의 불투명한 미래에 대한 불안감이 조성되어 있다

영업조직이 대거 이탈하고 있다 (2014년 6월, B사로 우수지점 FC xx명 이탈)

본사 부서 내 통폐합으로 인해 기존 목표 및 실행방안이 맞지 않는다

인수합병 이후에 영업실적이 지속적으로 저하되고 있다 (합병 이후 CMIP 기준 20% 감소)

목표 설정 후 지속적인 모니터링이 없으면 실행률이 떨어진다

외부환경 및 내부요인 변화로 인해 목표 달성이 어렵다

| 그림 2-26 | 병렬형 패턴의 구조 1

근거나 이유를 알고 싶어 한다. 병렬형의 서포트라인은 각각 키메시지 1, 2, 3의 Why에 대한 답이다. 실무자는 '왜 A, B, C를 실행해야 하는지'를 각각의 서포트라인에서 팩트들로 입증하거나 이유를 밝히면 된다.

해설형 패턴과 마찬가지로 팩트들이 너무 많을 때는 So What/Why So를 실시하여 1차 팩트 파인딩 결과로 입증하면 된다. 이것이 병렬형 패턴의 기본 구조다. 실제 사례를 보며 병렬형 패턴을 구체적으로 익혀보자. 〈그림 2-26〉의 피라미드 구조는 한 보험회사가 다른 회사를 인수

합병한 후의 어려움을 극복하기 위해 만든 로직이다.

결론은 '변화관리를 위해 조직의 비전을 공유하고 목표 달성 프로세스를 도입한다'이다. 이를 해결하기 위한 방안이 키라인에 제시되어 있다. 키메시지 1은 '회사의 새로운 비전 및 전략을 전 임직원 및 영업조직에게 투명하게 공유한다'이다. 그 아래 서포트라인 1은 왜 키메시지 1을 시행해야 하는지, 그 이유와 근거를 밝히고 있다. 키메시지 2는 '새로운 조직이 빠르게 정착할 수 있도록 본사 및 영업조직 별 목표와 실행 방안을 신속히 설정한다'이다. 서포트라인 2는 왜 키메시지 2를 시행해야 하는지, 그 이유와 근거를 제시하고 있다. 키메시지 3은 '조직별 전략 실행 현황에 대한 모니터링 및 지속적인 개선 활동을 실시한다'이다. 서포트라인 3 역시 왜 키메시지 3을 시행해야 하는지, 그 이유와 근거를 밝히고 있다.

이와 같이, 결론을 내리고, 키라인의 키메시지들에서 각각 결론에 대한 How의 답인 시행안들을 찾아서 제안하고, 서포트라인에서 시행안 각각에 대해 왜 이런 안들을 시행하지 않으면 안 되는지, 그 근거를 증명하거나 이유를 설명하면 된다. 이것이 병렬형 패턴이다.

〈그림 2-27〉은 타 금융사의 고객 정보 유출 사건을 접한 모 금융사에서 자사의 내부 정보 보안을 강화하기 위해 만든 로직이다.

결론은 '고객정보의 안전을 위해 내부 정보 보안을 강화한다'이다. 키라인은 내부 정보 보안을 강화하기 위한 해결책, 즉 키메시지를 세 가지로 제안하고 있다. 첫째는 '데이터 접근 통제', 둘째는 'PC 정보 통제' 그

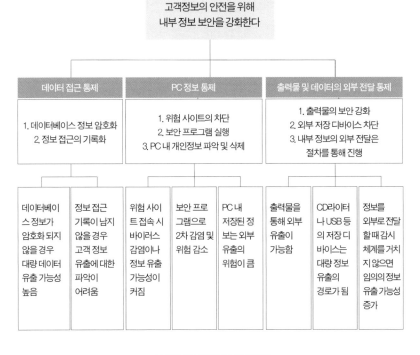

| 그림 2-27 | 병렬형 패턴의 구조 2

리고 셋째는 '출력물 및 데이터의 외부 전달 통제'다.

한 가지 눈여겨보아야 할 것은 키메시지들의 해결책을 바로 아래에 보다 구체적인 방안으로 제시하고 있다는 점이다. 키메시지 1의 구체적인 방안은 두 가지다. '데이터베이스 정보 암호화'와 '정보 접근의 기록화'다. 키메시지 2, 3도 각각 세 가지씩 해결책을 구체적인 방안으로 제시하고 있다.

여기까지는 앞에서 예를 든 병렬형 패턴 사례들과 방법이 똑같다. 라인을 한 단계 더 분리했느냐 아니냐 하는 차이만 있을 뿐이다. 보기에 복잡하지만 않다면 어느 쪽을 사용해도 무방하다. 다만 이번 사례처럼 피라미드 구조의 맨 아래 라인이 전부 How에 대한 답으로 끝날 경우에는 실무자가 반드시 하나의 라인, 즉 서브 서포트라인을 더 준비해야 한다. 다시 말해서 맨 아래 아이디어들 각각에 대해 Why에 대한 답을 찾아야 한다는 뜻이다.

이 사례에서 실무자가 어떻게 준비했는지 살펴보자. '데이터베이스 정보 암호화'에 대해서는 '데이터베이스 정보가 암호화 되지 않을 경우 데이터가 대량으로 유출될 가능성이 높다'라고 이유를 설명하였다. '정보 접근의 기록화'에 대해서는 '정보 접근 기록이 남지 않으면 고객 정보 유출에 대한 파악이 어렵다'는 이유를 들었다. 키메시지 2와 3에 대해서도 같은 방식으로 Why에 대한 답을 찾아 설명했다. 피라미드 구조 맨 아래에 How로 끝나는 라인에 대한 Why, 즉 근거와 이유가 명확하다.

피라미드 구조의 병렬형 패턴은 일상적으로 자주 사용하는 로직은 아니다. 이 로직은 상당히 긴급을 요하거나 중대한 사안일 경우에 사용한다. 이런 경우, 상사는 아무리 경력이 있는 실무자라고 해도 함부로 일을 맡기지 않는다. 팀 내에서 가장 믿을 만 한 베테랑에게 맡긴다. 그러나 신입사원이나 경력이 적은 실무자라고 해서 이 로직을 접할 수 없는 건 아니다. 전사 체육대회나 야유회 같은 행사도 상사와 실무자 간에 문제인식이 서로 같고 정보 공유가 잘 되어 있는 경우라 할 수 있다.

완벽한 보고서 쓰는 법

이런 일은 베테랑보다는 젊은 사원들의 신선하고 번뜩이는 아이디어를 기대하고 일을 맡긴다. 서두르지 말고 기회가 왔을 때 이 로직을 차근차근 익혀가자.

지금까지 해설형 패턴 세 가지와 병렬형 패턴 한 가지를 실무적으로 살펴보았다. 특히 '문제-원인-해결책' '현상-문제점-대책' '대전제-소전제-결론'은 보고서 작성의 기초가 되는 기술, 즉 기본기다. 이 세 가지 로직에 병렬형 패턴 로직 한 가지를 추가로 득템하자.

"여호첨익(如虎添翼)"

아마도 그 실무자는 호랑이가 날개를 단 것처럼 하늘로 비상하여 더 큰 일을 할 수 있을 것이다.

요점들을
논리적인 순서로
연결하라

1948년, 제2차 세계대전 당시의 회고록인 『제2차 세계대전사』가 출간되자마자 불티나게 팔려나갔다. 이 책의 저자는 1953년에 노벨문학상을 받았다. 그는 누구일까? 바로 윈스턴 처칠(Winston Churchill)이다.

제2차 세계대전을 승리로 이끈 전쟁 영웅 처칠이 노벨문학상을 받았다는 사실을 아는 사람은 그리 많지 않다. 그러나 그가 보어전쟁에서 종군기자로 활약한 경력만 보더라도 필력이 연설 능력 못지않게 탁월했으리라 짐작된다. 그는 부하들이 보고서를 작성해 올 때마다 글에 대해 자주 지적했다고 한다. 그 중 하나가 '문법을 정확히 지키는 일보다 상대방이 쉽게 이해할 수 있도록 글을 쓰는 일이 더 중요하다'는 지적이었다고 한다. 제2차 세계대전이 한창이던 어느 날, 처칠은 자신의 참모들을 불러 부탁을 했다. 그의 첫마디는 이렇게 시작한다.

"직무를 수행하기 위해 수많은 서류를 읽지 않으면 안 된다. 그 서류의 대부분은 지나치게 길다. 시간 낭비가 많고 요점을 파악하기에도 어려움이 많다. 여기 모인 동료들과 여러분의 부하들에게 부탁하고 싶다. 한 마디로 보고서를 짧게 써 달라."

'한 마디로 보고서를 짧게 써 달라.' 이 말을 요즘 식으로 바꾸면 보고서를 한 장으로 써 달라는 이야기나 마찬가지다. 전쟁 중에 수많은 의사결정을 내려야 했던 처칠이 보고서를 읽으면서 얼마나 답답했으면 공식적으로 참모들을 불러모아 보고서 작성에 관한 부탁을 했을까? 그의 부탁은 다음과 같은 구체적인 요소들로 이어진다.

1. 보고서의 요점은 짧게, 단락은 명확히 구분하여 써라.
2. 복잡한 요인분석과 통계에 근거한 보고는 요인분석 결과와 통계표를 부록으로 첨부하라.
3. 다음과 같은 애매한 표현을 사용하지 말라.
   - '이하의 모든 점을 염두에 두어야 한다.'
   - 'ㅇㅇ를 실행할 가능성도 고려해야 한다.'
4. 필요에 따라서는 표제어만 나열한 메모를 준비하고, 구두로 보충하는 쪽이 좋은 경우도 있다.

처칠의 부탁을 현재 CEO들의 관점에서 해석하면 다음과 같다.

첫째, 보고서를 한 장으로 작성하고, 메시지를 명확히 구분하라. 둘째,

일을 많이 했다고 생색내지 말고, 복잡한 사실 자료는 첨부하라. 셋째, 판단하기 쉽게 결론은 '예' '아니오'로 보고하라. 넷째, 스피드와 타이밍을 중요시하라.

나 역시 긴급을 요할 때는 포스트잇에 목차만 적어서 상사에게 구두로 보고하고 의사결정을 받은 적이 많다.

요즘 기업의 CEO들이 처한 상황을 보면 제2차 세계대전 당시 처칠의 처지와 다를 바 없다. 사람의 목숨이 오가지만 않을 뿐 그야말로 전쟁을 치르고 있다. 이러한 전쟁터에서 실무자가 반드시 갖추어야 할 능력이 있다. 먼저 대형 건설회사 대표이사의 이야기를 들어 보자. 그 회사의 임원들과 부서장들을 대상으로 'One Page Summary Skill'이라는 주제로 1박2일 교육을 실시하기로 했는데, 대표이사가 나에게 사전미팅을 요청한 자리에서 나온 이야기다.

"제가 대표이사로 선임된 지 3개월이 지났는데, 정말 답답해서 이번 교육을 마련했습니다. 한 장으로 작성하면 충분할 것 같은데 30장을 들고 와서 보고하는 임원이 있는가 하면, 30장으로 작성해도 모자랄 과제 같은데 한 장으로 작성해서 보고하는 임원도 있습니다. 그 한 장도 도무지 무슨 이야기인지 잘 이해가 되지 않았습니다. 논리도 없고 말로 다 때우려고 하는 것 같았습니다. 현장에서 먼지 밥을 먹고 올라온 사람들이라서 그런지 부하직원들이 작성해준 보고서를 그냥 제 앞에서 읽고 있는 것 같습니다. 이번 기회에 논리적으로 보고서를 작성하는 방법을 제대로 가르쳐 주셨으면 합니다. 특히 한 장으로 요약하는 스킬을 가르

완벽한 보고서 쓰는 법

쳐주셨으면 합니다. … 한 치 앞도 안 보이는 게 요즘 기업의 현실인데, 보고를 받고도 판단을 못하겠습니다. 임원들과 부서장들이 어렵게 시간을 냈으니 잘 부탁드립니다."

아마도 이 건설회사 대표의 이야기만은 아닐 것이다. 수많은 기업의 CEO들과 인터뷰하면서 거의 모든 분들이 아쉬워하는 부분이라는 사실을 알게 되었다. 업종이나 직무와 관계없이 실무자가 꼭 갖추어야 할 능력은 첫째, 과제와 메시지가 명확한 보고서를 쓰는 것, 둘째, 논리적인 구조로 간결하고 명쾌하게 보고서를 쓰는 것, 셋째, 무엇보다 가장 중요한 능력, 즉 한 장으로 요약하는 것. 이상 세 가지다. 실무자가 이런 능력을 십분 발휘하면 상사의 의사결정 시간을 단축시킬 수 있다. 바로 이 부분이 그 기업의 숨겨진 경쟁력의 원천이 될 수 있을 것이다.

"요점과 요약의 차이가 무엇일까?"

국어사전에서 요점(要點)을 찾아보면 '가장 중요하고 중심이 되는 사실이나 관점 또는 가장 중요한 점'이라고 나와 있다. 요약(要約)은 '말이나 글의 요점을 잡아서 간추림'이라고 나와 있다. 상대방이 말을 장황하게 늘어놓으면, 우리는 "그러니까, 요점이 뭐야?" 하고 묻는다. 요점에 대해서는 별다른 이견이 없을 것 같다. 요약은 얘기가 조금 다르다. 요약을 '보고서 작성'이라는 관점에서 생각해 보면, 국어사전의 정의만으로는 뭔가 2% 부족하다.

비즈니스에서 완벽히 요약한 메시지란 이병철 회장이 구사했던 'What?' 'Why?' 'How?'라는 질문의 답을 찾는 것이다. 국어사전의 정의로는 'What?'에 대한 답밖에 찾을 수 없다. '무엇을 위해 요약을 해야 하지?' '요점을 구체적으로 어떻게 잡아서 간추리지?'에 대한 답, 즉 'Why?'와 'How?'에 대한 답이 없다.

"어, 여기 아까 왔던 곳인데……."

처음 가보는 고궁이나 낯선 공원에서 산책을 하다가 길을 잃는 경우가 있다. 한참 길을 걷다가 아이스커피라도 한 잔 하려고 매점을 찾아 고궁 이곳저곳을 헤맨 적이 한두 번이 아니다. 이럴 때면 시간에 쫓겨서 꼭 가보고 싶었던 곳을 놓치기 일쑤다. 보고서라는 관점에서 보면 요점을 놓친 것이다. 왜 이런 일이 벌어질까? 고궁의 전체 상을 파악하지 못했기 때문이다. 고궁이나 공원에 입장하기 전에 정문 옆에 붙어 있는 약도를 미리 살펴보면 그 곳의 전체 모습을 이해할 수 있다. 그러면 길을 잃고 헤매거나 시간에 쫓길 일도 없다.

한 장으로 요약하는 과정은 보고서의 약도를 만드는 과정과도 같다. 무엇을 위해 약도를 만드는가? 전체 상을 이해하기 위해서다. 따라서 요약에 대한 Why의 답은 '보고의 전체 상을 이해하기 위해 정보의 요점을 파악하여 집약하는 것'이라고 할 수 있다. 요약본 한 장으로 보고의 전체 상을 이해할 수 없다면, 그것은 요약이 아니다. Why에 대한 답은 찾았으니 이제 1% 남았다.

"요점을 구체적으로 어떻게 잡아서 간추려야 하지?"

이 질문의 답, 즉 요약의 How에 대한 답을 찾기까지 고뇌와 사색의 시간이 필요했다. 처칠의 말에서 힌트를 얻었다. '보고서의 요점은 짧게,

단락은 명확히 구분하여 써라.' 단락이란 '긴 글을 내용에 따라 나눈 하나하나의 짧은 이야기 토막'이다.

'짧은 이야기 토막? 토막은 연결시켜야 제 맛이지. 그렇다면 무엇으로 연결시키지? 맞다. 요점은 점이지. 두 점 사이의 최단 거리를 잇는 것이 선이고. 선을 그어 토막들을 연결시킬 때 중요한 게 뭘까? 이야기 토막들이니까 순서가 뒤바뀌면 안 되겠지? 시도 순서가 바뀌면 이해가 안 되니까 말이야. 순서! 맞아, 순서대로 논리를 연결시키는 거로구나.'

오랜 고뇌와 사색 끝에 1% 부족한 How에 대한 답을 찾았다. 비즈니스에서 요약의 조작적 정의는 '요점을 논리라는 선으로 연결해서 보고의 전체상을 이해할 수 있게 만드는 것'이다.

앞에서 논리력을 강화하려면 세 가지 방법밖에 없다고 강조했다. 첫째 용어의 정의, 둘째 분류, 셋째 관계의 인식. 그리고 비즈니스 로직을 짤 때는 실무자가 세 가지 관계만 명확히 하면 된다고 말했다. 논리학자가 아닌 다음에야 이 세 가지 이외에 실무자가 규명해야 할 로직은 거의 없을 것이다.

　　주장과 근거 또는 이유와의 관계
　　주장과 방법의 관계
　　주장과 주장의 관계

요약이란 복잡한 사고의 과정을 통해 나오는 결과물이 아니다. 이 세 가지 관계를 명확히 인식한 상태에서 단순한 사고의 과정을 거치며 나오는 금자탑(金字塔)이다.

국어사전에서 금자탑을 찾아보았더니 원래 이집트의 피라미드를 이르던 말이라고 한다. 그 모양이 '金'자와 비슷한 데서 온 말이다. 금자탑의 두 번째 뜻은 '길이 후세에 남을 뛰어난 업적을 비유적으로 이르는 말'이다. 요약의 기술을 예술의 경지로 승화시킬 수 있다면, 후세에 남을만 한 뛰어난 업적까지는 아니더라도 기업의 성패를 가르는 절체절명의 길목에서 실무자로서 한 몫을 담당할 수 있지 않을까?

연결한 요점들을
한 장으로 요약하라

이제 중요한 것은 '요약의 기술'과 '보고서 작성법'이다. 먼저 요약의 기술부터 살펴보자. 제대로 요약해서 전체 상을 파악해야 보고서도 제대로 작성할 수 있기 때문이다. 보고서 작성에 대해서는 3부에서 상세히 다룰 것이다.

보고서를 작성하건 프레젠테이션을 하건 나는 언제나 피라미드 구조부터 만든다. 피라미드 구조 그 자체가 한 장으로 요약한 것이기 때문이고, 보고의 전체 상을 이해해야 보고서를 작성할 때 중복과 누락을 없앨 수 있기 때문이다.

'요점을 논리라는 선으로 연결시켜서 보고의 전체 상을 이해하는 것', 즉 요약의 정의와 피라미드 구조는 완벽한 정합성(整合性)을 이룬다. 이점은 바바라 민토도 미처 생각하지 못했던 것 같다. 그녀의 책에는 '요

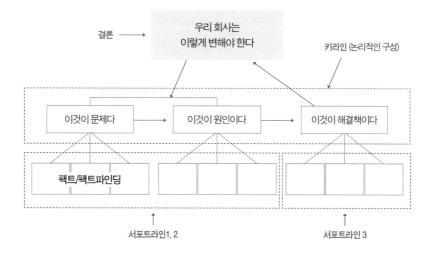

| 그림 2-28 | 피라미드 구조와 요약 - 해설형 패턴

약이 무엇인지'에 대한 설명이 나와 있지 않다. 각각의 컬럼마다 언급한 내용을 요약했을 뿐이다.

이제 요약의 정의와 피라미드 구조가 어떻게 정합성을 이루는지 살펴보자. 먼저 해설형 패턴부터 알아보자.

피라미드 구조에서의 요점은 키메시지 1, 2, 3이다. 키메시지 1, 2, 3은 팩트 또는 팩트파인딩의 결과, 즉 구체적인 아이디어들로부터 So What/Why So의 과정을 거쳐 핵심 요소를 추출해서 한 마디로 정리한 것이다. 이제 요점을 논리라는 선으로 연결, 즉 세 가지 관계 중 어떤 관계에 해당하는지를 밝히면 된다. 키라인의 키메시지 1, 2와 서포트라인 1, 2는 '주장과 근거의 관계'다. 키메시지 3과 서포트라인 3은 '주장과 방법의 관계'다. 그렇다면 결론과 키라인은 어떤 관계일까? '주장과 근거의 관계'다. 키라인은 '왜 이러한 결론을 도출할 수밖에 없었는지' 그 근거 또는 이유를 설명하고 있다. 피라미드 구조에서 '주장과 근거' '주장과 방법'의 관계는 모두 연결시켰다.

세 가지 중 마지막 '주장과 주장의 관계'는 무엇일까? 주장과 주장의 관계는 키라인의 키메시지 1, 2, 3이 어떤 관계인지를 밝히는 일이다. 이 관계가 '문제-원인-해결책'인지, '현상-문제점-대책'인지, '대전제-소전제-결론'인지를 밝히면 된다. 이 세 가지가 아닐 경우, 과제에 따라 다음과 같은 관계도 찾을 수 있다. 예를 들어 '과거-현재-미래' '현재-가까운 미래-먼 미래' 'As is-To be-How to' 'Why(문제제기)-Which(최적 솔루션)-How(추진 플랜 공유)' '지역A-지역B-지역C', '공장A-공장B-공장C' '생산라인1-생산라인2-생산라인3' '영업본부A-영업본부B-영업본부C' '환경분석의 시사점-지역별 전략옵션-진출 형태별 옵션' 등이다.

요점은 팩트 또는 팩트 파인딩의 결과와 아이디어들로부터 추출할 수 있다. 그러나 관계의 인식, 즉 선을 잇는 작업은 실무자 스스로 하지 않으면 안 된다. 처음에는 힘들더라도, 피라미드 구조로 요약하는 과정을 경험하다 보면 실무자 스스로 자연스럽게 논리적인 사고를 단련시킬 수 있다.

병렬형 패턴은 '주장과 근거' '주장과 방법'의 관계만 명확히 하면 된다. 결론과 키라인의 키메시지 1, 2, 3은 '주장과 방법의 관계'다. 키메시

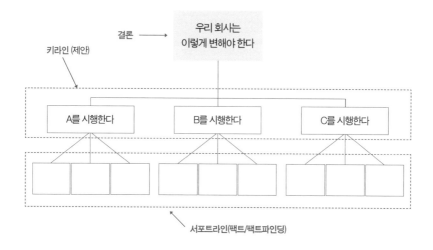

| 그림 2-29 | 피라미드 구조와 요약 - 병렬형 패턴

지 1, 2, 3은 각각 서포트라인 1, 2, 3과 '주장과 근거의 관계'로 연결되어 있다. 이처럼 해설형과 병렬형 패턴 모두 요점을 논리라는 선으로 연결시키면 보고의 전체상을 이해할 수 있다.

피라미드 구조를 문서의 형태로 옮기고 싶을 때는 〈그림 2-30〉처럼 바꾸면 된다. 상사의 스타일에 따라 추진기간과 총 예산을 문서의 아랫 부분에 추가로 적어도 된다. 이 같은 형식으로 요약하면 누가 보더라도 보고의 전체상을 쉽게 이해할 수 있다. 또한 '주장과 근거' '주장과 방법' '주장과 주장'의 관계가 명확하기 때문에 누구도 토를 달지 않을 것이다.

황희 정승은 청백리의 대명사이자 명재상으로 알려져 있다. 그런데 재미있는 기록이 있다. 한 때 '황금대사헌(黃金大司憲)'이라고 불릴 정도

완벽한 보고서 쓰는 법

수경재배 채소사업의 이익개선 방안

결론 수경재배 채소사업의 이익률을 30% 이상 높여야 한다

근거

1. 문제 : 현재 수경재배 채소사업의 이익률은 -30.6%임

- 생산규모 300평, 일평균 50㎏ 생산
-
-

2. 원인 : 현재까지 수경재배 채소사업은 사업타당성 검증 시험단계였음

- 생산규모와 판매가 제한적임(3개점 규모만 생산·판매, ……)
-
-

해결책

3. 해결방안 : 수경재배 채소사업을 확대·강화해야 함

구분	확대 및 강화방안
생산규모	
마케팅	
원가절감	

| **그림 2-30** | 피라미드 구조와 요약 - 문서화

로 사람들의 비난을 산 적이 있었다고 한다. 황금, 즉 뇌물 받기의 명수라는 이야기다. 그럼에도 불구하고 그가 태종, 세종, 문종의 특별 대우를 받으며 24년간 최 장수 재상의 자리를 유지할 수 있었던 이유는 무엇일까? 소신과 원칙을 지키면서도 때때로 관용을 베푸는 리더십을 발휘했기 때문이다.

황희 정승에게는 남다른 탁월한 기술 한 가지가 있었다고 한다. 바로 요약의 기술이다. 신하들이 갑론을박하며 논쟁을 벌이면 왕은 의사결정을 내릴 수 없어서 골치가 아플 것이다. 이 때 황희 정승이 나서서 갑론을박의 내용을 하나하나 따지며 군왕에게 일목요연하게 요약해 주었다고 한다. 요약의 기술을 자기 것으로 만들어라. 총애를 받는 일이 어디 황희 정승만의 일이겠는가.

3. 로지컬하게 작성하라

제목에 일의
본질과 범위를 담아라

"제목은 가급적 아홉 글자 이내로 써. 길어지더라도 열세 글자는 넘기지 말고."

"왜 제목을 아홉 글자에서 열세 글자 이내로 잡아야 하나요?"

"그냥 그런 줄 알아. 짧으면 좋잖아. 예전부터 다 그렇게 해왔어."

보고를 앞두고 점검차 선배들에게 보여주면, 제목이 길면 안 된다면서 무조건 9~13자 이내로 잡으란다. 이유도 알려주지 않았다. 그런데 재미있는 건 그런 선배들조차도 프레젠테이션을 할 때마다 첫 페이지, 즉 제목도 넘기지 못하고 상사에게 깨지기 일쑤였다. 뭔가 잘못된 건 확실한데, 그게 뭔지 몰라서 답답하기만 했다.

'왜 번번이 한 페이지도 넘기지 못하고 깨지는 걸까? 분명히 제목 때문인건 확실한데.'

어느 날, 경영기획실장님이 칼을 빼 들었다.

"하루에도 수많은 보고서, 기획서가 책상 위에 올라오는데, 내가 어떻게 이걸 다 읽습니까? 앞으로 제목·요약본·목차, 이 세 가지만 보고 판단할 수 있도록 작성해주세요. 아니, 바쁠 때는 제목만 보고도 사인할 수 있게 해주세요. 중요한 안건은 시간을 따로 마련해서 프레젠테이션 하시고요."

'말도 안 되는 이야기지. 어떻게 제목만 보고 사인할 수 있게 만들어?'

처음에는 높은 사람들이 으레 하는 이야기 정도로 생각했다. 그러나 실장님은 실없는 말을 하는 타입이 아니다. 지극히 현실적이고 실질적인 분이다. '실없는 말이 송사 간다'는 속담처럼 본인이 꺼낸 말이 조직에 큰 파장을 일으킬 수 있다는 사실을 너무도 잘 알고 있는 분이다.

나는 생각을 고쳐먹고 'CEO들이 제목을 통해 알고 싶어 하는 게 뭘까?'를 연구하기 시작했다. 생각을 고쳐먹으니 보고서의 제목이 얼마나 중요하고, 또 어떻게 제목을 잡아야 하는지 금세 알 수 있었다. 글자 수는 본질이 아니었다. 제목만 보고도 어떤 내용이 담겨 있는지 이해할 수 있도록 만들어야 한다. 제목의 중요성을 체험하기 위해 간단한 실험을 해 보자. 아래 글이 무엇을 설명하는지 그 제목을 맞춰 보자.

절차는 정말 간단하다. 첫째, 물건들을 여러 뭉치로 분류하라. 물론 할 일이 얼마나 많으냐에 따라 한 뭉치로 충분할 때도 있다. 너무 많이 하지 않는 게 중요하다. 둘째, 분류한 뭉치들을 기계에 넣어라. 다시 한 번 강조한다. 한 번에 너무 많이 하기보다 조금씩 적게 해야 한다. 셋째, 정해진 시간이 지나면 이 뭉치들을 기계에서 꺼내라.

이 절차가 끝나면 사람들은 꺼낸 물건들을 다시 여러 뭉치로 분류한다. 그런 뒤에는 미리 정한 적절한 장소에 이 물건들을 놓아두어야 한다. 이 물건들은 머지않아 또 다시 분류될 것이고, 전체 절차는 반복될 것이다. 결국 이것은 인생의 일부다.

브랜스포드와 존슨(Bransford and Johnson, 1972)은 제목을 알았을 때와 그렇지 않았을 때, 읽는 사람의 이해도가 어떻게 달라지는지를 연구하였다. 이들은 대학생들을 두 집단으로 나누고, 한 집단에게는 글을 읽기 전에 제목을 알려주고, 또 다른 집단에게는 글을 읽은 다음에 제목을 알려주었다. 그런 다음 두 집단의 이해도와 기억력을 테스트하였다.

실험 결과, 첫 번째 집단이 두 번째 집단보다 두 배 정도 잘 기억하는 것으로 나타났다. 제목을 알고 읽으면 이해도가 높아진다. 이해도가 높을수록 기억도 잘할 수 있다는 건 자명한 이치다.

앞서 제시한 글의 제목은 무엇일까? 바로 '세탁'이다. 아마도 대다수 사람들은 이 글의 제목을 눈치 채지 못했을 것이다. 이제 글의 제목이 '세탁'이라는 사실을 아는 상태로 다시 읽어 보자. 글의 이해도가 훨씬 더 높아질 것이다.

"무엇을 위해 어떤 보고서를 만들려고 하는가?"

이 질문에 대한 답이 바로 제목이다. 그 답은 '목적'과 '범위'에서 찾을 수 있다. '무엇을 위해'에 대한 답이 목적이다. 목적은 일의 본질이다. '어떠한 보고서를 만들려고 하는가?'에 대한 답은 일의 범위다.

CEO들이 제목을 통해 알고 싶어 하는 것은 '일의 본질, 즉 목적이 무엇인가?' '일의 범위가 무엇인가?' 두 가지다. 따라서 실무자는 보고를 할 때 '무엇을 위해 무엇을 하고자 하는가?'를 명확히 해야 한다. 그런 이유로 제목을 잡을 때는 가급적 '~을 위한 ~(안)' '~을 위한 ~보고서'의 형태로 잡는 것이 좋다. 앞부분에 일의 목적을 기술하고, 뒷부분에 일의 범위를 적는다.

2019년 봄, 선거연수원에서 '기획과 전략적 사고'라는 주제로 2박3일간 강의를 진행했다. 3일차에는 팀 별로 이슈를 정한 다음, 이틀간 학습한 내용에 관한 보고서를 한 장으로 요약해서 발표하는 시간을 가졌다. 그 중 한 팀에서 보고서의 제목을 '우편투표함 보관의 신뢰성·투명성 확보를 위한 대응방안'이라고 잡았다. 얼핏 알 것 같기도 한데 뭔가 좀 이상하다. 일의 범위가 보이지 않았다. 일의 범위가 보이지 않으니 목적도 명확하지 않았다. '우편 투표의 신뢰성과 투명성 확보를 위한 투표함 보관 방법(안)' 이렇게 제목을 잡으면 일의 목적과 범위가 좀 더 명확하지 않을까?

모 IT업체를 대상으로 '기술보고서 작성법(Technical Writing)'이라는 주제로 3년간 강의를 실시한 적이 있다. 당시 참가자들이 고객사에 실제로 제출했던 기술보고서를 중심으로 피드백을 해주었다. 한 참가자가 철강업체에 제출한 보고서를 보게 되었는데, 제목이 '시스템 운영평가 결과'였다. 이 제목으로는 무엇을 위해 무엇을 하려는지 도통 이해할 수 없었다. 평가 결과가 좋다는 건지 나쁘다는 건지 감도 잡히지 않았다.

"고객이 일의 목적과 범위를 이해할 수 있도록 제목을 다시 생각해 보세요. 과장님 본인이야 이 분야 전문가시지만, 고객들은 그렇지 않잖아요?"

피드백을 실시한지 얼마 지나지 않아 그 참가자는 '안정적 시스템 오픈을 위한 시스템 운영평가 결과 및 개선 방안'으로 제목을 수정했다. '안정적 시스템 오픈을 위한'이 목적, 즉 일의 본질이다. '시스템 운영평가 결과 및 개선 방안'이 일의 범위다.

또 다른 IT업체 한 곳에서는 아예 제목이 없는 기술보고서를 보았다. 이 업체는 기술이 탁월하기로 정평이 나 있었는데, 젊은 직원들로만 이루어져 있다 보니 기업문화가 자유롭기만 하고 체계가 다소 부족한 느낌이었다. 제목이 없는 기술보고서로 프레젠테이션을 받는 고객사의 직원들은 아마도 제목을 알지 못한 채 '세탁'을 읽는 사람의 기분과 비슷했을 것이다. 피드백을 하자마자 참가자가 곧바로 '운영 환경의 기능 개선을 위한 패치 적용 절차'라고 제목을 고쳐 잡았다.

아래 제목들은 한 증권회사 직원 교육 때 참가자들이 제출한 제목이다. 각각의 제목에 일의 범위와 목적이 모두 명확하게 나타나 있다.

- 신재생 에너지 사후관리 업무 이해 증진을 위한 매뉴얼 정립 안
- 결제 미처리 제로를 위한 장내 채권 결제시스템 개선 안

완벽한 보고서 쓰는 법

- 파생 결합 증권 발행 업무 개선을 위한 '문서 종합 파일' 자동화 추진 안

예전에 한 통신사의 광주지역본부에서 본부장을 포함한 직원 전체를 대상으로 보고서 작성법을 강의한 적이 있다. 교육이 끝나고 본부장, 팀장들과 함께 저녁식사를 하는 자리였다.

"소장님 강의를 일주일 전에만 들었어도 좋았을 텐데요."

"왜 그러시는데요?"

"사장님이 5일 전에 우리 지역을 방문하셨는데, 팀장 한 명이 사장님께 프레젠테이션을 하다가 제목 때문에 30분 가까이 박살이 났죠. 그땐 왜 그런지 잘 몰랐는데 오늘 소장님 강의를 들으니 제목에 범위가 빠져 있었네요."

"제목이 어땠는데요?"

"그 때 제목이 '통화품질 최적화 방안'이었는데, 통화품질 앞에 정확한 범위, 즉 'OOO 통화품질'이 들어갔어야 했는데, 아쉽네요."

"OOO 통화품질 최적화 방안이라……. 그러네요. '통화품질 최적화'가 목적이고, 'OOO 통화품질'이 일의 범위니까요. 제목도 짧아서 좋고요. 오늘 시간이 부족해서 강의할 때 생략했는데, 이렇게 '통화품질'처럼 일의 목적과 범위에 중복 표현되는 부분을 결합시키면 제목이 짧아집니다."

제목이 짧을수록 좋다는 건 누구나 다 아는 이야기다. 그러나 무리하게 제목을 짧게 잡을 필요는 없다. 제목을 짧게 잡는 일보다 중요한 건

보고서의 목적과 범위를 분명히 하는 것이다. 상사가 제목만 보고 판단할 수 있게 만들 수 있다면 조금 길더라도 괜찮다. 상사가 알고 싶어 하는 것은 '일의 본질과 범위'다. 명심하자. 제목을 잘못 잡으면 한 페이지도 못 넘기고 깨진다.

목차를 이용해
논리의 흐름을 밝혀라

보고서의 제목을 잡고, 피라미드 원칙을 이용해 자료를 한 장으로 요약했다면, 이제 보고서의 목차를 개발해야 한다. '요약본으로 보고의 전체 상을 이해시켰는데 왜 또 목차를 개발해야 하지?' 하는 의문이 들 수도 있다. 이유는 분명하다. 상사들이 목차를 보면서 실무자가 일을 풀어나가는 데 있어서 중복과 누락이 없는지, 또 일을 어떻게 시작해서 어떻게 끝맺을지를 파악하고 판단하기 때문이다.

〈그림 3-1〉의 목차는 모 휴대전화 제조업체 교육 당시 2년차 사원이 작성한 것으로, 내가 피드백하기 이전의 문서다. 2년차 사원이 작성했다고는 믿을 수 없을 만큼 잘 만든 보고서였는데, 목차만 봐도 일을 어떻게 시작해서 어떻게 끝낼지 명확히 알 수 있었다. 다만, 한 장으로 요약한 요약본(Executive Summary)이 없다는 점이 다소 아쉬웠다. 지금은

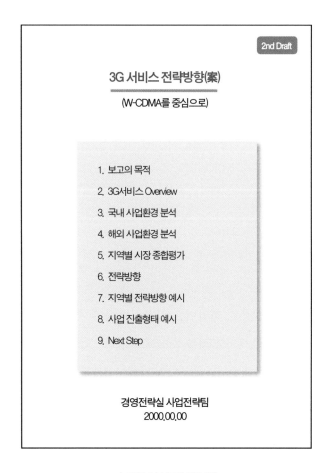

| 그림 3-1 | 보고서 목차 사례

5G 시대다. 이 보고서는 3G 진입시기의 문서이니 일부는 공개해도 될 것 같다.

　이 보고서는 국내외 W-CDMA 사업 환경 분석을 바탕으로 자사의 사업 참여 기회를 모색하고, 그에 따른 시장 진입 전략과 진출 형태 옵션을 가설로 제안하기 위해 작성되었다. 그리고 다음 단계(Next Step), 즉 향후 전사 차원의 전략을 구체적으로 어떻게 수립해야 하는지도 제시하고 있었다.

이 보고서의 경우, 한 장으로 요약한 요약본이 없어서 아쉬웠다고 했는데, 내가 보고서 전반과 요약하는 방법에 대해 피드백하고 나서 담당자가 한 장으로 요약한 요약본을 확인해봤더니, 결론과 키라인이 〈그림 3-2〉와 같이 추출되어 있었다.

결론은 목차의 '6. 전략방향'이었다. 한 마디로 'W-CDMA 중심의 해외시장 공략이 필요하다'는 주장이었다. 키라인의 키메시지1은 '3. 국내 사업환경 분석'부터 '5. 지역별 시장 종합평가'까지 환경분석과 시장평가를 실시하여 도출한 시사점을 한 마디로 표현하고 있었다. 키메시지2는 '7. 지역별 전략방향 예시'였는데, 유럽과 일본 시장을 어떻게 공략해야 할 지 가설을 제시하고 있었다. 키메시지3은 '8. 사업 진출형태 예시'였으며 진출 형태별 옵션 세 가지를 제안하고 있었다. 그리고 피라미드 구조와는 별도로 맨 밑에 'Next Step'을 만들어 향후 해외 마케팅 본부의 세부 시장 환경분석과 연구소의 자사개발 R&C(Resource & Capability) 검토가 필요하다는 메시지를 전했다.

이 보고서가 작성된 시기는 시장 진입 초기라는 점을 잊지 말자. 초기에는 가설을 세워 검증하고 여러 가지 대안, 즉 옵션을 생각해 보는 일이 중요하다. 시장 진입 초기에 가설과 옵션 형태로 제시하는 보고서이

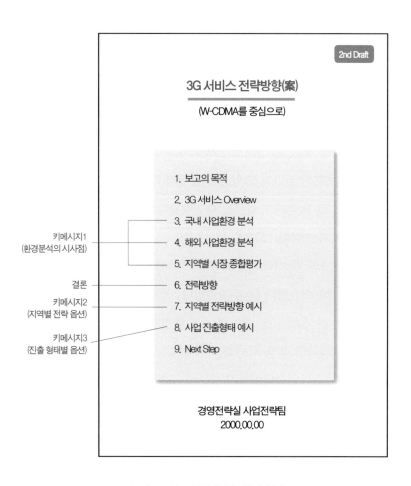

| 그림 3-2 | 보고서 목차에 담긴 결론과 키라인

기 때문에, 상사의 오해가 없도록 '1. 보고의 목적'을 추진배경과 함께 맨 앞에 한 페이지로 상세히 다루었다. '2. 3G 서비스 Overview'에서는 W-CDMA가 EV-DV나 TD-SCDMA보다 세계적으로 폭넓게 채택되고

있고, W-CDMA 이외에는 사업 전망이 불투명하다는 근거를 팩트로 입증했다. 그래야 부제에서 표현했듯이 W-CDMA에 대한 선택과 집중 전략을 전개할 수 있기 때문이었다. 지금 다시 봐도 목차의 항목별 분류가 상사의 입장에서 MECE하고, 일의 시작과 끝이 명쾌한 보고서다. 나는 2년차 때 이 정도 수준은 아니었다. 발끝에도 못 미쳤다.

목차를 만들 때는 상사가 목차의 항목들을 보면서 보고서의 세부 내용들을 판단할 수 있도록 만들어야 한다. 앞에서 제목의 중요성에 대해 살펴보았는데, 목차의 항목들 역시 작은 제목이다. 즉, 목차의 항목들만 봐도 상사가 그 안에 어떤 내용이 담겨 있는지 판단할 수 있어야 한다. 〈그림 3-3〉의 목차를 보자. 이 정도 목차라면 그 안에 담긴 세부적인 내용이 무엇인지 충분히 판단할 수 있지 않을까?

피라미드 구조는 결론을 기점으로 그 결론을 뒷받침하는 로직을 구성하고 근거를 증명하는 도구다. 따라서 기대효과, 실행계획, 예산집행계획, 리스크 대책 등은 피라미드 구조에서 빠질 수밖에 없다. 이러한 사항들이 필요하다면 목차를 개발할 때 추가하면 된다. 또 사안의 경중에 따라 휴대전화 제조업체의 실무자처럼 상사의 입장에서 생각해 보고 상사가 반드시 알아야 할 사항을 목차에 추가하면 된다.

목차 페이지는 일반적으로 제목 페이지와 요약본 다음에 넣는다. '제목→요약본→목차'의 순서라고 보면 된다. 이렇게 순서를 구성하면 상사가 제목을 보면서 앞으로 어떤 내용이 전개될지 파악할 수 있고, 요약본을 보면서 '결론'과 '왜 그렇게 추진할 수밖에 없는지'에 대해 확신을

안정적인 시스템 운영을 위한 A서버 구입방안(案)

1. Overview
2. 현재 시스템의 현황과 문제점
3. A서버 구입 후 시스템 변경방안
4. 시스템 변경에 따른 기대효과
5. A서버 구입 전후 비교
6. A서버 구입비용 및 견적서

| 그림 3-3 | 일목요연하게 정리된 목차

가질 수 있다. 이와 함께 MECE라는 사고의 도구를 활용해 목차를 체크하면서 실무자가 일을 어떻게 시작해서 어떻게 끝맺을지를 순서대로 확인하고 판단할 수 있다. 아울러 보고서의 세부 내용까지도 대략적으로 이해할 수 있다. 지식과 경험이 풍부한 상사일수록 제목, 요약본, 목차 이 세 가지만으로 사인을 할 것인지 말 것인지를 결정한다.

어느 회사건 문제를 해결할 때 자주 사용하는 로직이나 문제해결 방법론이 있다. 예를 들어 SK그룹의 경우에는 회사나 팀의 사활이 걸린 문제를 '일처리 5단계 요령'에 따라 해결한다. SK그룹에 몸담고 있는 직원이라면 모르는 이가 없을 것이다. SK그룹의 일처리 5단계 요령은 다음과 같다.

1. 입체적 Location 파악
2. KFS(Key Factor for Company Success) 추출
3. SUPEX(Super Excellent Level) 수준 설정
4. 장애요인 도출
5. 장애요인 제거방안 및 실행계획

조직 내 누구라도 알 수 있는 이 같은 목차는 따로 목차 페이지를 만들기보다 제목 페이지 하단에 집어넣으면 된다. 누가 보더라도 곧바로 알 수 있는 목차라면 제목 페이지 하단에 넣으면 되고, 그렇지 않다면 요약본을 반드시 만든 다음, '제목→요약본→목차' 순으로 만들면 된다.

미지의 세계에 빠져 본 일이 있는가? 미지의 세계, 즉 불확실한 세계에 빠진다는 건 기분 좋은 일일까 기분 나쁜 일일까? 웬만한 보고서는 직속 상사나 담당 임원 선에서 결정하고 일을 추진한다. 직속 상사나 담당 임원은 그 일을 책임지는 사람들이기 때문에 실무자가 제출한 보고서의 제목만 봐도 어느 정도 과정과 결과를 예측할 수 있다. 그러나 회사의 이익에 크게 영향을 미치는 중대 사안이나 새롭게 추진하는 사안의 경우에는 윗선, 특히 최고경영층까지 올라갈 때가 많다. 단계를 거듭

할수록 실무자의 보고서는 점점 미지의 세계가 된다. 실무자의 의도를 정확히 파악하기가 힘들기 때문이다. 미지의 세계에 빠진다는 건 누구에게나 불안하기 짝이 없는 일이다. 따라서 실무자는 보고서의 도입부를 이용해 가능한 한 빨리 미지의 세계를 없애야 한다.

'제목, 요약본, 목차.'

이 세 가지가 실무자의 유익한 벗이 되어줄 것이다.

원 페이지 원 메시지로
이해도를 높여라

무더위가 기승을 부리고 열대야가 계속되는 한여름이면 몸이 시릴 정도로 차디 찬 계곡물에 몸을 담그고 수박을 통째로 먹고 싶은 생각이 머릿속에 가득해진다.

'통째로?'

마음이야 그렇지만 수박을 먹으려면 먹기 좋은 크기로 잘라야 한다. 심혈을 기울여 만든 보고서도 마찬가지다. 수박이나 케이크를 한 입에 먹을 수 없듯이, 상사도 자신이 작성하지 않은 보고서를 한 번에 소화할 수 없다. 따라서 정보의 양을 상사가 이해하기 쉬운 크기로 잘라주어야 한다. 상사가 이해하기 쉬운 크기란 바로 '원 페이지, 원 메시지(One Page, One message)'다. 이는 전 세계 어디서나 통용되는 보고서 작성의 첫 번째 원칙이다. 〈그림 3-4〉를 보자.

III-4. 매출과 EBIT 구성 비율

제품 Y가 전체 매출의 73%를 점유하고 있으나, 매출의 27%를 차지하는 제품 X가 EBIT의 73%에 기여하고 있다

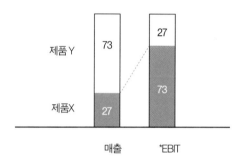

*EBIT = Earning Before Interest and Tax Payment
출처 : Boston Consulting Group(2003.7.15.)

| 그림 3-4 | 원 페이지 원 메시지 (도표 중심)

이 페이지는 '제품 Y가 전체 매출의 73%를 점유하고 있지만, 매출의 27%를 차지하는 제품 X가 EBIT의 73%에 기여하고 있다'는 메시지 하나를 전달한 다음, 그 아래에 차트로 근거를 증명하고 있다. 이것이 '원 페이지 원 메시지'다. 참고로 EBIT란 이자비용과 법인세가 포함된 기업의 영업활동에서 생기는 이익을 말하며, 출처를 밝힐 때는 최소한 년,

완벽한 보고서 쓰는 법

03년 이후 W-CDMA단말기 수요가 지속적으로 증가하고 있으며, NTT도코모 주도 하에 꾸준한 서비스 및 단말 개선을 통해 가입자가 증가 추세를 보이고 있음

주요 사업자 추진 현황

NTT도코모

- 01년 10월 'Foma'로 서비스 개시
- 사업초기 단말기 및 커버리지 문제로 가입자 확보 저조
- 크기 및 배터리 성능을 대폭 개선한 단말기 출시로 최근 큰 폭의 가입자 증가
  - 04년 5월말 400만 가입자 돌파
  - 동화상 서비스를 통한 2G와의 차별성을 강조
- 헤비 유저가 주 공략 대상
  - 하이엔드 단말기 라인업 및 패키지 요금인하, 정액제 상품 주력

보다폰 K.K

- 02년 12월 '보다폰 글로벌 스탠다드'로 서비스 개시
- 해외 보다폰과 글로벌 로밍(GSM 및 WCDMA 81개 국가 대상)을 통한 차별화 시도
- 규모의 경제를 꾀해 단말기 조달에 있어 '글로벌 소싱' 추진
- PDC와 3G 요금 공통화로 PDC 사용자가 3G로의 용이한 전환 추진
- NTT도코모 대비 가입자 확보 저조 : 03년말 현재 13.7만 명
  - 단말기 경쟁력 취약이 주 원인

| 그림 3-5 | 원 페이지 원 메시지 (텍스트 중심)

월, 날짜까지 함께 표기해야 한다.

'원 페이지 원 메시지'는 상사가 가장 이해하기 쉬운 단위다. 그러나 '원 페이지 원 메시지'로 보고서를 작성할 때도 상사의 스타일에 따라 달라야 한다. 어떤 상사들은 〈그림 3-4〉처럼 간단하고 단순한 형태를 좋아하지만 〈그림 3-5〉처럼 '원 페이지 원 메시지' 원칙에 입각해서 작

성하되 상세한 정보가 담긴 보고서를 좋아하는 상사들도 있다.

〈그림 3-5〉의 메시지는 '2003년 이후 W-CDMA 단말기 수요가 증가하고 있고, NTT 도코모 주도 하에 꾸준한 서비스 및 단말기 개선을 통해 가입자가 증가 추세를 보이고 있다'는 내용을 담고 있다. 그리고 그 아래에 이 메시지를 팩트로 입증하였다. 상사들 중에는 〈그림 3-5〉처럼 상세한 정보가 한 눈에 들어오는 형태를 좋아하는 사람들도 있다.

상사의 스타일에 맞추는 일, 이것은 실무자의 피할 수 없는 숙명이다.

헤드메시지와 수직적 논리로
보고서를 단순화 하라

상사가 보고서를 한 장 한 장 넘길 때마다 가장 알고 싶어 하는 것이 무엇일까? 바로 각 페이지의 결론이다. 따라서 상사의 이해를 돕기 위해 〈그림 3-5〉에서처럼 페이지 제목 바로 아래에 결론을 적어야 한다. 이처럼 페이지의 상단에 적는 결론을 헤드메시지(Head Message)라고 한다. 그럼 헤드메시지 아래에는 무엇을 적어야 할까? 여기에 적을 내용은 두 가지 질문에 대한 답밖에 없다. 〈그림 3-6〉처럼 헤드메시지에 대한 Why 또는 How의 답이다.

헤드메시지에 대해 Why를 던지면 아래에 근거가 나오고, 헤드메시지에 대해 How를 던지면 방법이 나온다. 상사, 특히 CEO는 이 두 가지 질문 중 하나에 대한 답을 기대한다. 만일 실무자가 이 두 가지 질문의 답을 찾을 수 없다면, 아직 머릿속이 정리되지 않은 상태라고 볼 수 있

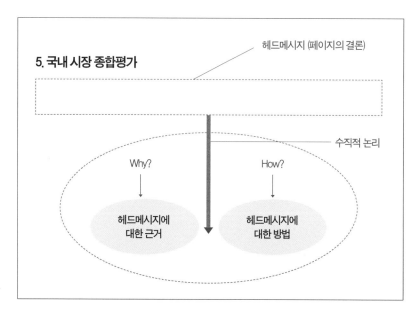

| 그림 3-6 | 헤드메시지와 수직적 논리

다. 헤드메시지 아래에 근거나 방법 이외에 다른 것들을 적어 놓으면 상
사들이 짜증을 낼 수밖에 없다. 이것이 보고서 작성의 두 번째 원칙 '헤
드메시지와 수직적 논리'다.

〈그림 3-7〉은 모 IT업체에서 만든 보고서의 실제 페이지다. 순서도
없고, 정리도 되어 있지 않아서 읽고 이해하기가 어렵다. 결론은 처음
이 아니라 중간에 등장한다. '검색'이라는 단어가 지나치게 반복되다
보니 읽다가 숨이 거칠어진다. 첫 문장은 너무 길고, 메시지도 너무 많
이 들어 있다. 마지막 문장에는 '제공'이라는 단어가 두 번 반복되었다.
Google과 AOL에서 제공하는 사이트 히스토리 서비스가 무엇인지도

1. 환경의 변화

　　사용자가 검색하는 주제는 사용자의 관심사와 밀접한 관계가 있기 때문에 시간이 지난 후에도 사용될 가능성이 높은 반면, 사용자의 검색횟수와 검색범위가 확대됨에 따라 사용자가 검색을 통해 얻은 정보들을 기억해서 추후에 다시 활용하기에는 어려움이 많다.

　　따라서 사용자의 검색행동에 대한 정보를 저장하여 필요한 때에 사용자가 편리하게 활용할 수 있는 서비스를 제공한다면 사용자의 검색편의성을 높일 수 있을 것이다.

　　Google과 AOL에서는 사용자가 검색한 질의와 검색결과에서 클릭했던 사이트 히스토리를 제공하는 서비스를 이미 제공하고 있다.

| 그림 3-7 | 보고서 페이지 사례 (수정 전)

1. 외부환경 분석

　　가. 사용자의 입장 : 검색 행동에 대한 정보 저장을 통해 필요시 언제든 활용할 수 있는 서비스 요구 증대
　　　　1) 검색 주제는 사용자의 관심사와 밀접한 관계임
　　　　2) 검색 주제는 추후에도 사용될 가능성이 높음
　　　　3) 검색 범위와 횟수가 커지면 사용자의 기억만으로는 활용에 한계가 있음

　　나. 경쟁사 동향 : 사용자의 검색 행동과 결과를 저장할 수 있는 사이트 히스토리 서비스를 이미 시행하고 있음
　　　　1) Google의 Search History
　　　　2) AOL의 Saved Search

| 그림 3-8 | 보고서 페이지 사례 (수정 후)

궁금하다. 전반적으로 난해한 문장이다. 이 페이지를 작성한 실무자에게 '헤드메시지와 수직적 논리'를 간단히 설명하고 나서 고쳐보라고 했더니 〈그림 3-8〉처럼 수정하였다.

외부환경을 '사용자 입장'과 '경쟁사 동향', 두 가지로 분리하였다. 사용자 입장에서의 결론은 '검색 행동에 대한 정보 저장을 통해 필요시 언제든 활용할 수 있는 서비스의 요구가 증대하고 있다'는 것이다. 그 아래 항목 1, 2, 3은 '왜 증대하고 있지?', 즉 결론에 대한 Why의 답이다. 경쟁사 동향의 결론은 '사용자의 검색 행동과 결과를 저장할 수 있는 사이트 히스토리 서비스를 이미 시행하고 있다'는 것이다. 그 아래의 항목 1, 2는 팩트로 결론을 입증한 내용이다.

상사들이 요구하는 것은 헤드메시지에 대한 Why나 How 둘 중 하나의 답이다. 이 원칙을 지키면서 보고서를 작성하자. 그러면 상사의 승낙을 받기가 어렵지만은 않을 것이다. 앞의 〈그림 3-5〉는 헤드메시지에 Why를 던졌을 때의 답이다. 이번에는 헤드메시지에 대해 How를 던진 사례를 보자.

〈그림 3-9〉의 보고서 페이지의 결론은 '본 조사에서 제기된 시장기회에 대한 세부적인 분석을 통해 향후 시장진출을 위한 구체적인 전략방향과 실행전략을 수립해야 한다'는 것이다. 그 아래에는 결론에 대한 How, 즉 단계별 추진 방법을 구체적으로 제시하였다.

이번에는 맥킨지에서 작성한 보고서 한 페이지를 보자.

〈그림 3-10〉의 보고서 페이지는 헤드메시지를 아예 페이지 제목 위

완벽한 보고서 쓰는 법

3. 단계별 추진전략

본 조사에서 재기된 시장기회에 대한 세부적인 분석을 통해 향후 시장진출을 위한 구체적인 전략방향과 실행전략의 수립이 필요함.

	시장기회탐색	세부 시장환경 분석	전략 방향 도출	세부 실행 전략 수립
담당	전략기획팀 전략기획팀	마케팅본부 대덕연구소	전략기획팀 마케팅 본부	MPR/S 유관부서
핵심 과제	• 국내외 WCDMA 환경 분석 - 시장 규모 전망 - 정부정책과 시장특성, 사업자 동향 및 기술 동향 검토 • 새로운 시장 포착 - 중국시장 진출 전략 - 진출형태별 옵션	• 세부 시장환경 조사 - 지역별 진입장벽 등 세부 시장상황 분석 • 단말기 개발역량 검토 - WCDMA Chipset - 기술 및 인력 확보 - 기술인증	• 전사 전략방향 수립 • 우선순위 도출 - 일본시장진출 전략과의 시너지 창출방안 도출 • 마케팅 전략 수립 - Time to Market - 단말기 Line-up 전략	• 4P 및 STP전략 • 유통채널 구축 • 매출 및 비용계획 • 부품조달, 구매 계획 • 생산계획 • Synergy Plan

| 그림 3-9 | 헤드메시지에 How로 답한 사례

에 적었다. 어찌 보면 페이지 제목보다 더 중요한 것이 헤드메시지가 아닐까? 아래의 내용들은 Why에 대한 답이다.

맥킨지는 창사 이래 지금까지 항상 '을'의 입장에서 '갑'을 설득해 왔다. 그래서인지 고객사를 설득하기 위해 어느 기업보다 먼저 '보고서 작성과 프레젠테이션 스킬'에 관한 연구를 시작했고, 탁월한 성과를 이루어냈다. 우리나라의 기업들도 IMF를 전후해서 맥킨지의 노하우를 서둘러 도입하기 시작했다. 그 중 대표적인 것이 '원 페이지 원 메시지'와

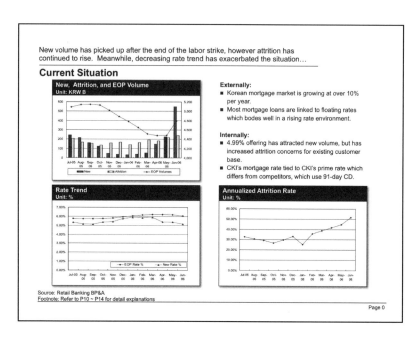

New volume has picked up after the end of the labor strike, however attrition has
continued to rise. Meanwhile, decreasing rate trend has exacerbated the situation…

Current Situation

New, Attrition, and EOP Volume
Unit: KRW B

Rate Trend
Unit: %

Externally:
- Korean mortgage market is growing at over 10% per year.
- Most mortgage loans are linked to floating rates which bodes well in a rising rate environment.

Internally:
- 4.99% offering has attracted new volume, but has increased attrition concerns for existing customer base.
- CKI's mortgage rate tied to CKI's prime rate which differs from competitors, which use 91-day CD.

Annualized Attrition Rate
Unit: %

Source: Retail Banking BP&A
Footnote: Refer to P10 ~ P14 for detail explanations

Page 0

| 그림 3-10 | 맥킨지 보고서 실제 사례

'헤드메시지와 수직적 논리'다. 보고서를 작성할 때 이보다 더 단순하고
명쾌한 원칙이 있을까?

상사들의 머릿속을 복잡하게 만들지 말자. 상사들은 문제를 단순화시
키는 능력이 매우 뛰어나다. 그런 능력이 없다면, 수많은 의사결정을 제
대로 할 수가 없다.

컬러와 차트의
활용법을 생각하라

인간이 무언가를 보았을 때, 의미를 가장 빠르게 해독할 수 있는 것은 무엇일까? 우리에게 다소 생소한 인간공학(Human Engineering)에서 인간의 정보 해독 속도를 연구해 그 결과를 발표한 적이 있다. 인간공학의 연구에 의하면 그 결과는 다음과 같다.

첫째, 색
둘째, 도해
셋째, 글자

인간공학의 연구결과를 적용하면 보고서를 좀 더 효과적으로 작성할 수 있다. 〈그림 3-11〉의 차트를 보자. 시선이 제일 먼저 가는 곳이 어디

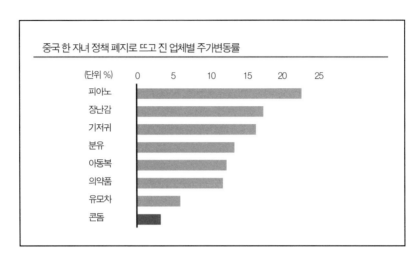

중국 한 자녀 정책 폐지로 뜨고 진 업체별 주가변동률

| 그림 3-11 | 색을 활용한 도표

인가? 아마도 '콘돔' 막대일 것이다.

　무언가가 인간의 시야에 들어왔을 때, 가장 먼저 시선을 사로잡는 것은 색이다. 거리의 신호등을 색으로 표시하는 이유도 바로 이 때문이다. 시속 80킬로미터로 달리다가도 신호등의 빨간색을 보면 곧바로 브레이크를 밟는다. 신호등이 글자로 되어 있다고 생각해 보자. 거리마다 교통사고 환자가 속출할 것이다. 교통경찰, 병원 응급실 의료진, 손해보험사 직원들은 사고를 처리하고 응급환자를 돌보느라 끼니도 제대로 못 때울 것 같다.

　두 번째로 시선을 이끄는 것은 글의 내용을 그림이나 도표로 풀이한 도해다. 가장 마지막으로 시선이 가는 것이 글자다. 그럼 지금부터 색과

　　　　　　　　　　　　　　　　　　　　　　　완벽한 보고서 쓰는 법

도해에 대해 살펴 보고, 그런 뒤에 글에 대해서도 연구해 보자.

보고서를 작성할 때, 문서를 멋있게 만들려는 생각 때문인지 색을 지나치게 많이 사용하는 실무자들이 많다. 색을 이것저것 사용하면 시간과 노력이 든다. 노력은 가상하다. 그러나 제대로 된 상사를 만났을 때 듣는 말은 한 가지밖에 없다.

"시간이 많은가 보군요?"

나는 보고서를 작성할 때 다양한 색의 사용을 별로 권장하지 않는다. 색을 고민할 시간에 보고서의 로직, 메시지, 근거에 대해 한 번 더 생각해 보라고 권한다. 앞의 맥킨지 문서에서 보았듯이, 보고서는 흑백 톤만으로도 깔끔하게 작성할 수 있다. 색을 사용할 때는 목적이 있어야 한다. 색의 존재 이유, 즉 색을 사용하는 이유가 있어야 한다. 앞으로 다음과 같은 두 가지 관점에서 색을 사용하면 무리가 없을 것이다.

첫째, 정보나 메시지를 구분하고 싶을 때 색을 사용한다. 〈그림 3-11〉의 도표에서 콘돔 막대 부분은 다른 막대와 곧바로 구별할 수 있다. 차트를 멋있게 만들려는 생각으로 막대마다 색을 다르게 입히는 사람들을 종종 보게 된다. 맨 위는 파란색, 그 다음은 초록색, 분홍색, 노란색. 이렇게 만들면 무엇이 중요하고 시선을 어디에 집중해야 하는지 알 수가 없다. 다시 한 번 강조하지만, 색은 다른 정보나 메시지와 구분하는 용도로 사용해야 한다.

둘째, 메시지를 강조하거나 의미 있는 부분에 색을 사용한다. 보고서에서 강조하고 싶은 부분에 색을 넣으면, 따로 강조하지 않아도 그 메시

Focus on new volume amid end or union strike, lingering rising attrition rate and narrowing spread concerns

Current Situation

Latest 12 Month Actual

Account	Jul-05	Aug-05	Sep-05	Oct-05	Nov-05	Dec-05	Jan-06	Feb-06	Mar-06	Apr-06	May-06	Jun-06
BOP Accounts (#)	101,535	101,989	102,692	102,784	102,477	100,899	98,820	97,399	95,539	93,345	91,953	91,043
New Accounts	3,269	3,347	2,548	2,020	925	764	895	920	938	1,622	2,583	5,290
Attrition Accounts	2,815	2,644	2,456	2,327	2,500	2,843	2,116	2,680	3,150	3,214	3,493	3,864
EOP Accounts	101,989	102,692	102,784	102,477	100,899	98,820	97,399	95,539	93,345	91,953	91,043	92,478
Annualized Attrition %	32.84%	30.52%	39.10%	26.66%	29.68%	33.18%	25.21%	35.87%	38.82%	41.09%	44.73%	51.64%

Volume (MMM)	Jul-05	Aug-05	Sep-05	Oct-05	Nov-05	Dec-05	Jan-06	Feb-06	Mar-06	Apr-06	May-06	Jun-06
BOP Volumes	5,054	5,089	5,136	5,144	5,130	5,018	4,888	4,777	4,651	4,511	4,477	4,485
New	244	215	162	124	48	37	32	40	52	149	228	549
Attrition	209	167	156	137	160	169	142	185	193	183	219	242
EOP Volumes	5,089	5,136	5,144	5,130	5,018	4,888	4,777	4,651	4,511	4,477	4,485	4,792

Rate Trend (%)	Jul-05	Aug-05	Sep-05	Oct-05	Nov-05	Dec-05	Jan-06	Feb-06	Mar-06	Apr-06	May-06	Jun-06
Rate Trend for EOP												
Customer Rate %	5.77%	5.74%	5.72%	5.75%	5.82%	5.94%	6.06%	6.16%	6.22%	6.20%	6.19%	6.06%
Cost of funds(TP) %	3.94%	3.96%	4.03%	4.16%	4.33%	4.45%	4.52%	4.58%	4.61%	4.62%	4.60%	4.65%
Spread	1.83%	1.78%	1.69%	1.59%	1.49%	1.49%	1.54%	1.58%	1.61%	1.58%	1.59%	1.41%
Rate Trend for New												
Customer Rate %	5.34%	5.16%	5.13%	5.36%	5.42%	5.75%	5.88%	5.84%	5.89%	5.38%	5.37%	5.15%
Cost of funds(TP) %	3.98%	3.92%	4.11%	4.35%	4.44%	4.55%	4.57%	4.63%	4.62%	4.56%	4.55%	4.75%
Spread	1.36%	1.24%	1.02%	1.01%	0.98%	1.20%	1.31%	1.21%	1.27%	0.82%	0.82%	0.40%

Source: Retailing Banking BP&A

| 그림 3-12 | 색을 이용한 메시지의 강조

지가 중요하다는 점을 쉽게 표현할 수 있다. 〈그림 3-12〉에 소개된 맥킨지 보고서의 또 다른 한 페이지를 보자. 의미 있는 부분이 어디라고 생각하는가?

보고서 한 페이지에 너무 많은 색을 사용하거나, 페이지마다 색의 사용에 일관성이 없으면 상사가 엄청난 혼란에 빠지게 된다. 색을 사용할 때는 색의 존재 이유를 명확히 하자.

인간의 정보 독해 속도 중 두 번째로 빠른 것이 도해다. 카툰 작가라면 그림 한 컷으로 의미를 집약해서 표현할 수 있겠지만, 실무자가 그림

완벽한 보고서 쓰는 법

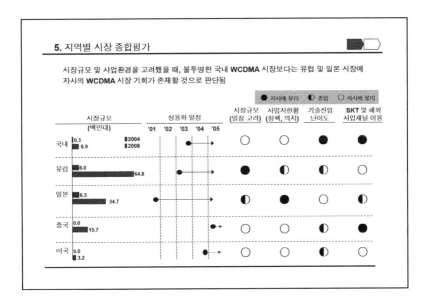

| 그림 3-13 | 문차트 활용 사례

으로 의미를 집약한다는 건 거의 불가능한 일이다. 따라서 여기서는 실무자가 활용하기 편리한 도해 중 차트(Chart), 그 중에서도 문차트(Moon Chart)에 대해 알아보고자 한다.

차트는 각종 자료를 알기 쉽게 정리한 도표다. 어느 조직이건 현장에서 발생하는 데이터나 자료를 취합해서 자주 사용하는 차트가 있다. 이렇게 현장에서 자주 사용하는 차트는 따로 학습하지 않아도 일하면서 저절로 습득할 수 있다.

많이 사용하고 있지 않지만, 손쉽게 만들 수 있고 효율적인 차트가 바로 문차트다. 문차트는 중요도나 활용도를 나타낼 때 주로 사용한다. 백문이 불여일견, 〈그림 3-13〉을 보자.

지역별로 '시장규모' '사업자 현황' '기술진입 난이도' 'SKT 및 해외 사업 채널이용'이라는 네 가지 측면에서 종합평가를 하여 W-CDMA 시장 참여 기회를 모색하고 있다. 네 가지 측면에 대한 평가에 문차트를 활용했다.

● 자사에 유리

◑ 중립

○ 자사에 불리

문차트만 봐도 한 눈에 의미를 파악할 수 있지 않은가? 당시 2년차 사원이 문차트를 사용했다는 사실에 상당히 놀랐었다. 보통 2년차 사원 정도면 보고서를 작성하는 데 급급한 나머지 차트의 활용은 생각조차 못하는 경우가 많기 때문이다.

색과 차트는 비즈니스 커뮤니케이션을 수월하게 만들어준다. 보고서를 작성할 때 목적에 맞게 제대로 색과 차트를 활용하자.

완벽한 보고서 쓰는 법

보고서 작성을 위한
글쓰기 원칙 1

만시지탄(晚時之歎)이랄까? 가만히 생각해 보면 대학을 졸업할 때까지 내게 글쓰기가 얼마나 중요한지 가르쳐준 사람은 아무도 없었다. 글쓰기는 학창시절 작문반 활동을 하는 친구들이나 하는 것일 뿐, 나와는 전혀 상관없는 일인 줄 알았다. 당연히 글쓰기를 제대로 배워본 적도 없었다. 그저 글쓰기가 두려웠다.

막상 직장 생활을 시작하고 보니, 회사는 보고서, 기획서, 기안서, 품의서 등 문서를 작성하는 일로 가득한 곳이었다. 글쓰기에 어려움을 겪던 내가 관심을 갖고 본격적으로 공부하기 시작한 때가 2002년이었다. 그 해 2월 「과학동아」에 실린 신동호 기자의 기사를 읽고 나서 쓰기가 얼마나 중요한지 깨달았다. 그 중 일부를 소개하면 다음과 같다.

세계 최고의 공과대학 MIT의 근처 서점에서 수십 년 동안 가장 많이 팔린 책은 무엇일까? 뜻밖에도 작문 책이라고 한다. … 손바닥 크기의 작문 책인『스타일의 요소(The Elements of Style)』는 수십 년 동안 이 책방에서 가장 많이 팔린 책이다. … 이 대학 입학생은 2학년 초까지 쓰기 1단계, 졸업 전에 쓰기 2단계라는 두 개의 관문을 넘어야 졸업을 할 수 있다. 그러려면 쓰기과목을 수강하거나, 글을 제출해 일정 점수 이상을 받아야 한다. … 바바라 골드스타프 교수는 "MIT가 쓰기를 강조하는 이유는 쓰기를 통해 명쾌한 사고 능력이 생기게 되고, 이것이 연구능력과도 직결되기 때문"이라고 말했다. 그녀는 "실제로 MIT에서 글을 잘 썼던 학생들이 졸업한 뒤에도 성공하는 가능성이 높다는 조사결과도 있었다"고 덧붙였다.

기사를 보고 알게 된『스타일의 요소』는 기사를 읽자마자 곧바로 서점에서 구매했다. 손바닥만 한 크기의 이 책은 내가 책상에서 손을 뻗으면 언제든 바로 꺼낼 수 있는 자리에 놓여 있다. 내가 글쓰기에 눈을 뜰 수 있게 해준 고마운 책이다.

"작문? 작문이라니!"

지레 겁을 먹고 걱정할 필요는 없다. 여기서 작문에 관한 심도 깊은 내용을 다룰 생각은 없다. 비즈니스맨으로서 보고서를 작성할 때 꼭 필요한 쓰기의 원칙만을 다루려 한다. 몇 가지 원칙만 확실히 알아두어도 보고서를 작성하기가 한결 수월할 것이다. 그럼 지금부터 한 걸음 한 걸음 글쓰기의 세계로 발길을 옮겨 보자.

완벽한 보고서 쓰는 법

원칙1 ▶ 구체적으로 표현하라

"컴퓨터를 습도가 높은 곳에 장시간 방치하면 고장이 날 수 있다. 특히 장마철에는 컴퓨터를 사용하지 않더라도 어느 정도 컴퓨터를 켜서 습기가 차지 않도록 관리하는 것이 좋다."

이 문장에서 고쳐야 할 곳은 어디일까? 첫 번째는 '장시간'이다. 장시간은 도대체 몇 시간인가? 사람들마다 장시간에 대한 생각이 모두 다르다. 두 번째는 '어느 정도'다. 어느 정도는 도대체 몇 분, 몇 십 분, 몇 시간을 뜻하는가?

"이번 신제품은 단기보다 중장기에 걸쳐 프로모션을 해야 한다."

"제품 A가 전체 매출의 50%를 차지한다."

단기는 언제까지이고, 중장기는 언제부터 언제까지인가? '매출의 50%'는 정확히 딱 떨어지는 50%인가? 약 50%인가? 49.7%인가? 50.1%인가? 비즈니스에서 수치보다 중요한 건 없다. 수치로 나타낼 수 있다면, 가급적 정확하게 표현해야 한다.

"가성비와 디자인을 중요시 여기는 10~20대 젊은 층을 타깃으로 제작한 손목시계 신제품 3종의 판매가 증가할 것으로 예상했으나, 라이프스타일의 변화로 인해 판매가 목표치의 10%에도 못 미치고 있다."

보고서를 작성할 때 가장 많이 등장하는 단어가 변화다. 경영환경의 변화, 기술의 변화, 시장의 변화, 소비자 라이프스타일의 변화, 사업구조의 변화 등 변화에 관한 설명이 가장 많이 등장한다. 변화를 구체적으로 표현하기 위해서는 '무엇이 어떻게 변화했는지'를 서술해야 한다. 특히 변화의 전후 상황이 어떻게 달라졌는지 구체적으로 설명하지 못하면, 상사의 이해를 구하기가 쉽지 않다. 앞의 문장은 '라이프스타일의 변화'에 대한 구체적인 설명이 없다.

원칙2 ▶ 가급적 단문을 사용하라

"사용자가 검색하는 주제는 사용자의 관심사와 밀접하게 관련되어 있기 때문에 시간이 지난 후에도 사용될 가능성이 높은 반면, 사용자의 검색 횟수와 검색 범위가 확대됨에 따라 사용자가 검색을 통해 얻은 정보들을 기억해서 추후에 다시 활용하기에는 어려움이 많다. 따라서 사용자의 검색 행동에 대한 정보를 저장하여 필요할 때 사용자가 편리하게 활용할 수 있는 서비스를 제공한다면 사용자의 검색 편의성을 높일 수 있을 것이다."

보고서를 작성할 때 단문을 사용하면 글이 짧아진다. 문장의 길이가 짧아지면 무엇보다 상사가 글을 이해하기 쉽다. 아래에 문장을 단문으로 수정한 글을 보자.

"검색 행동에 관한 정보를 저장하여 사용자가 필요할 때 언제든 활용할 수 있게 해주는 서비스에 대한 요구가 증가하고 있다. 그 이유는 다음과 같다. 첫째, 검색 주제는 사용자의 관심사와 밀접하게 관련되어 있다. 둘째, 검색 주제는 추후에 다시 사용될 가능성이 높다. 셋째, 검색 범위가 확대되고 검색 횟수가 증가할수록 사용자의 기억만으로는 활용에 한계가 있다."

원칙3 ▶ 주어와 서술어의 호응이 중요하다

"우리가 일본의 수출 품목 규제에 전략적으로 대응하지 못하고 초기에 감정적으로 나갈 수밖에 없었던 이유는 일본의 권력층과 기득권층을 좌지우지하는 보수 우익 세력인 '일본회의'의 리더인 아베와 일본회의 소속의 각료로 이루어진 아베 정권을 과소평가하였다."

이 문장 정도면 그래도 많이 길지는 않은 편이니까 어디가 잘못 되었는지 바로 찾을 수 있을 것이다. 주어인 '이유는'과 서술어인 '평가하였다'가 서로 호응하지 않는다. 이 글의 경우, '평가하였기 때문이다'로 고쳐야 한다. 글을 많이 써보지 않은 사람일수록 문장이 길어진다. 문장이 길어지면 주어와 서술어가 서로 호응을 이루지 않을 때가 많다.

이 원칙은 실무자들이 보고서를 작성할 때 많이 틀리는 요소 중 하나다. 원칙2에 제시된 글에서 "검색 횟수와 검색 범위가 확대됨에 따라 … 어려움이 많다'라는 문장도 마찬가지다. 검색 범위가 확대된다고 해서 검색 횟수까지 함께 확대되는 건 아니다. 따라서 '검색 횟수가 증가하고 검색 범위가 확대됨에 따라'로 검색 범위와 횟수를 분리해야 한다. 제품 사용 설명서에 이와 비슷한 사례가 자주 등장한다.

'당사 제품은 보증기간 내에 변색, 변형 및 고장이 발생하는 경우에 한해 교환이 가능합니다.' 이 문장을 이렇게 수정하면 어떨까? '당사 제품은 보증기간 내에 색이 변하거나, 변형이 생기거나, 고장이 발생하는 경우에 한해 교환이 가능합니다.'

원칙4 ▶ 주어와 서술어의 거리는 까까울수록 좋다

"기획을 할 때는 기획하는 사람과 입안된 기획을 실행하는 사람이 다를 수도 있기 때문에 본사 스텝이 기획한 내용을 현장에서 실행할 때 따로 놀지 않도록 하기 위해서는 실행자가 가진 핵심역량을 발휘할 수 있도록 기획안을 입안해야 한다."

이 문장은 좀처럼 이해하기가 어렵다. 주어는 '기획을 할 때는'이고 서술어는 '입안해야 한다'이다. 주어와 서술어의 거리가 너무 멀다. 주어와 서술어의 거리를 짧게 줄이면 다음과 같다.

"기획을 할 때는 실행자의 핵심역량을 발휘할 수 있도록 기획안을 입안해야 한다. 기획하는 사람과 실행하는 사람이 다를 수 있기 때문이다. 본사 스텝이 기획한 내용을 현장에서 실행할 때 따로 놀지 않도록 주의해야 한다."

원칙5 ▶ 한 문장에는 하나의 개념만 담아라

"2018년 말 기준 우리나라 건강보험 수입은 62조1159억 원, 지출은 62조2739억 원으로 당기수지 -1778억 원이며 지출액 기준 국내 총생산(GDP) 대비 약 3.5%에 달하는데, 인구의 고령화와 의료서비스 영역의 확장으로 인해 지출액이 꾸준히 증가할 것으로 보이며, 2020년에는 약 94조원의 진료비가 지출될 것으로 예상된다."

이 문장 역시 몇 번을 읽어도 이해하기가 쉽지 않다. 하나의 문장에 너무 많은 개념이 들어 있기 때문이다. 하나의 문장에는 하나의 개념만

들어가야 상사가 쉽게 이해할 수 있다.

"우리나라 건강보험 지출액은 2018년 말 기준 62조2739억 원으로 국내 총생산 기준 약 3.5%에 달한다. 인구 고령화와 의료서비스 영역의 확장으로 지출액은 꾸준히 증가할 것으로 보인다. 따라서 2020년에는 약 94조 원의 진료비가 지출될 것으로 예상된다."

현자(賢者)들이 만든 원칙은 언제나 우리를 이롭게 한다.

보고서 작성을 위한
글쓰기 원칙 2

거두절미하고 글쓰기 원칙에 대해 계속 알아보자.

원칙6 ▶ 능동태를 사용하라

"이 책에서는 태평양의 심해 생물들이 다루어진다."

"연료비 절감은 온도 절연제 설치에 의해 실현된다."

"베어링유 공급은 단락 밸브에 의해 조절된다."

'안 박사와 그 팀이 최종 실험을 했다'와 같이 능동태로 글을 쓰면 행동을 직접적으로 표현할 수 있다. 반면에 '최종 실험은 안 박사와 그 팀에 의해 실시되었다.'와 같이 수동태로 쓰면 행동을 간접적으로 표현할 수밖에 없다.

보고서를 작성할 때는 가급적 능동태로 써라. 능동태로 글을 쓰면 '행

완벽한 보고서 쓰는 법

동의 주체'와 '행동'을 구체적으로 표현할 수 있다. 비즈니스에서 '누가 무엇을 했는가?'보다 중요한 사안은 없다. 주어가 사람이 아닐 때도 능동태로 글을 쓰면 좋다. 그러면 인풋과 아웃풋을 명확화 할 수 있고, 주어의 내용과 기능을 쉽게 이해할 수 있다.

"이 <u>책은</u> <u>태평양의 심해 생물들을</u> 다룬다."
　　주어　　　　　　　　내용

"<u>온도 절연제를 설치하면</u> <u>연료비를 절감할 수 있다</u>."
　　인풋　　　　　　　　　　아웃풋

"<u>단락 밸브는</u> <u>베어링유 공급을</u> 조절한다."
　　주어　　　　　　　기능

한글은 능동태로 표현해야 그 뜻이 잘 전달된다. 그럼에도 불구하고 수동태를 자주 쓰는 이유는 영문법을 공부할 때 능동태와 수동태 문장을 서로 전환하는 시험을 자주 치렀기 때문이 아닐까 싶다. 미국에서도 지금은 수동태를 쓰지 말라고 가르친다고 한다.

원칙7 ▶ 특정 단어를 같은 문장에서 반복하지 마라

"쇼팽연구회에서는 지난 가을에 발견된 쇼팽 악보가 지금까지 발견된 쇼팽 악보들 중 쇼팽이 남긴 가장 오래된 악보라는 사실을 공식적으로 인정하였다."

"Google과 AOL에서는 사용자가 검색 행동과 검색 결과를 저장할 수 있는 검색 사이트 히스토리를 제공하는 서비스를 이미 제공하고 있다."

한 문장에 특정 단어가 지나치게 반복되면 가독성이 떨어지고 이해하기 어렵다. 위의 문장을 수정하면 아래와 같다.

"쇼팽연구회에서는 지난 가을에 발견된 악보가 지금까지 발견된 가장 오래된 악보라는 사실을 공식적으로 인정하였다."

"Google과 AOL은 사용자의 검색 행동과 결과를 저장할 수 있는 사이트 히스토리 서비스를 이미 제공하고 있다."

원칙8 ▶ 어려운 전문용어와 약어를 피하라

"현미경 렌즈 아래의 시료를 직접 검사해 얻은 데이터는 물질의 구성을 적절하게 파악하기 위한 목적에 불충분하다."

"경희대학교 언론정보대학원은 길영로의 고용을 종료했다."

글을 쓸 때마다 어려움을 겪는다. 글이 잘 풀리지 않거나, 격식에 얽매여 어려운 용어가 자꾸 튀어나올 때 특히 그렇다. 그러면 점점 글이 어려워지고 가독성이 떨어진다. 이럴 때 나는 옆에 가상의 인물이 있다고 설정하고 서로 대화를 나눈다.

"'중량 측정으로 운반되는' 이 말이 무슨 뜻이지?"

"아, 그거? 음, 그러니까 '재료가 쿵 하고 떨어진다'는 뜻이야."

대화를 나눌 때는 서로 격식을 따지지 않으니까 글이 쉬워진다. 질문을 주고받다보면 생각이 앞으로 쭉쭉 뻗어나간다. 앞의 글을 대화체로 바꾸어 보자.

"현미경으로 관찰해서는 그 물질이 무엇으로 구성되어 있는지 명확히 밝힐 수 없다."

"경희대학교 언론정보대학원이 길영로를 해고했다."

세계의 천재들이 모인 집단인 NASA에서 과학자들이 모여 난상토론을 벌인 적이 있는데, 토론의 주제는 'NASA에서 가장 중요한 기술은 무엇인가?'였다. 서로 자기 분야가 가장 중요하다고 갑론을박을 벌이다가, 뜻밖에도 '프레젠테이션 능력'이 가장 중요한 기술이라고 결론을 내렸다고 한다.

"우리가 하는 연구를 정책 입안자나 국민들에게 제대로 알리지 못하면, NASA의 생존을 보장할 수 없다."

전문지식을 공유한 집단 내에서는 전문용어의 사용이 원활한 커뮤니케이션의 지름길이겠지만, 나처럼 특별한 배경 지식이 없는 사람에게 전문용어를 사용하면 혼란만 가중시킬 뿐이다. 자기 분야에 대해 대중적 관심을 불러일으키려면 전문용어보다 대중이 사용하는 용어를 구사해야 한다.

SBS의 이찬휘 기자가 한 연구소로부터 '디셀포비브리오로 폐수 속 중금속 침전 성공'이라는 보도자료를 받고 답답하기만 했다는 이야기를 한 적이 있다. 우리 국민 중에 '디셀포비브리오'를 아는 사람이 과연 몇 명이나 있을까?

'광산 폐수 미생물로 정화' '중금속 먹는 세균 발견'

연구소에서 보낸 보도자료를 읽고 신문사와 방송사가 고친 기사의 제목이다. 이처럼 대중이 사용하는 용어로 전문용어를 바꾸면 그 분야의 문외한인 나같은 사람들도 쉽게 이해할 수 있다.

보고서를 작성할 때 영어 약어를 쓰는 경우가 자주 있다. 약어를 쓸 때도 조직원들 모두가 공유하지 않는 약어는 각주를 달아 설명하거나 괄호를 이용해 원래 문장을 표기해야 한다. 예를 들어 SK의 직원이라면 'SUPEX'라는 약어를 모르는 사람이 없다. 따라서 조직 내에서는 이 약어에 각주를 달거나 괄호를 사용할 필요가 없다. 그러나 외부에 SK의 경영기법을 소개할 때는 SUPEX(Super Excellent Level)라고 적고, 이에 대해 설명해야 한다.

아, 잠깐. 물론 NASA와 같이 전 세계인 누구나 알 수 있는 약어는 그대로 써도 무방하다. 이런 약어는 길게 풀어놓으면 오히려 혼란을 불러 일으킬 수 있다.

원칙9 ▶ 궁금한 부분이 생기지 않도록 문장의 완결성을 지켜라

"Google과 AOL은 사용자가 검색 행동과 결과를 저장할 수 있는 사이트 히스토리 서비스를 이미 제공하고 있다."

보고서에서 이 문장을 읽은 상사는 곧바로 궁금해진다.

'Google과 AOL에서 구체적으로 어떤 서비스를 제공하고 있지? 나보고 조사하란 이야기인가?'

보고서를 작성해서 제출하면, 상사가 실무자를 찾지 않아도 보고서

완벽한 보고서 쓰는 법

의 내용을 파악할 수 있어야 한다. 보고서의 내용이 이해되지 않거나 궁금한 점이 있으면 실무자를 불러서 물어볼 수밖에 없다. 왔다 갔다 하면 상사나 실무자나 서로 시간낭비다.

목차도 마찬가지다. 보고서의 목차에서 '1. 물 관련 재해'라는 항목을 본 적이 있다. 물 관련 재해가 증가한다는 이야기인지 감소한다는 이야기인지 정말 궁금했다. 그 안에 담긴 내용을 한참 읽은 뒤에야 물 관련 재해가 증가한다는 사실을 알았다. 문장의 완결성이란 '상사가 보고서를 읽고 궁금한 부분이 생기지 않도록 글을 쓰는 것'이다.

이상 보고서를 작성할 때 반드시 지켜야 할 중요 원칙 아홉 가지를 살펴보았다. 이 원칙들을 염두에 두고 보고서를 작성하자. 이 원칙들이 몸에 배면 보고서를 작성할 때 자연스럽게 글이 짧아지고 쉬워질 것이다. 내 경우에는 이 원칙들을 익힌 뒤로 일상생활에서 재미있는 일이 생기곤 했다.

> **경고**
> 화기로부터 떨어지시오

> 화장실은
> 계단을 이용해주세요

"화기로부터 얼마나 떨어지란 얘기지? 3미터? 5미터? 아니면 30미터? 심심한데 사고 치고 소송이나 걸어볼까?"

"크크크, 계단을 이용하라고? 아무도 없을 때 계단에 실례를 해볼까?"

이런 글들을 보며 장난기가 발동하는 게 나 혼자뿐일까?

아홉 가지 원칙과 별개로 어느 조직에서나 상사들이 강조하는 보고서 작성의 3원칙이 있다.

첫째, 짧게 써라.

둘째, 알기 쉽게 써라.

셋째, 눈에 잘 보이게 써라.

짧게 써라. 그래야 상사가 읽어 준다. 알기 쉽게 써라. 그래야 상사가 이해한다. 눈에 잘 보이게 써라. 그래야 당신이라는 존재를 상사의 두뇌에 각인시킬 수 있다. 직원 수가 많은 조직의 CEO일수록 누가 어떤 능력을 갖추고 있는지 알기 어렵다. 짧고, 알기 쉽고, 한 눈에 파악할 수 있는 보고서를 보면 그 실무자를 반드시 기억한다. 그리고 언젠가 그 실무자를 발탁할 준비를 한다.

"국민의, 국민에 의한, 국민을 위한 정부는 이 지구상에서 결코 사라지지 않을 것입니다. (… and that government of the people, by the people, for the people, shall not perish from the earth.)"

링컨의 게티스버그 연설 마지막 문장이다. 아마도 이 문장을 모르는 사람은 없을 것이다. 짧고 쉬운 말로 작성한 이 연설문의 단어 수는 266개에 불과하고, 연설 시간은 2분 남짓이었다. 링컨에 앞서 두 시간 동안 연설한 당대 최고의 웅변가 에드워드 에버렛(Edward Everett)이 탄식을 금치 못했다는 일화는 너무도 유명하다.

"내가 두 시간 동안 한 연설이 당신의 2분처럼 명확하게 의미를 전달할 수 있었다면 얼마나 좋았겠습니까?"

명문(名文)을 쓰려하지 말고, 명문(明文)을 쓰자.

보고서·기획서를 한 장으로 요약하고
로지컬하게 완성하는 비결

완벽한 보고서 쓰는 법

초　판 1쇄 발행　2019년 11월　8일
　　　2쇄 발행　2020년　8월 17일

지은이　길영로
펴낸이　박경수
펴낸곳　페가수스

등록번호　제2011-000050호
등록일자　2008년 1월 17일
주　　소　서울시 노원구 중계로 233
전　　화　070-8774-7933
팩　　스　0504-477-3133
이 메 일　editor@pegasusbooks.co.kr

ISBN　978-89-94651-31-6　03320

이 도서의 국립중앙도서관 출판예정도서목록(CIP)은 서지정보유통지원시스템 홈페이지(http://
seoji.nl.go.kr)와 국가자료공동목록시스템(http://www.nl.go.kr/kolisnet)에서 이용하실 수 있습니
다.(CIP제어번호: CIP2019042651)